# メギドの丘

山下 慶子
*Keiko Yamashita*

文芸社

## ◎目次


神の怒りの鉄槌が降りおろされる覚悟をせよ!!……5
パウロは地獄から来て、また地獄へ往く者となりました……9
パウロは堕ちていき、火で焼き払われる人間たちの良き見本となった……12
私の手となり足となり、完ぺきに私のサポートをしてくれる彼女……16
本当にあなたは「天に宝を積む」という言葉が嫌いなのだ……20
ローマ法王辞任のニュースでなぜ私は笑いころげたか……24
この私を見出さない人間たちを私は皆滅ぼす……30
ソドムとゴモラの町はそこに住む人間もろとも滅ぼし尽くされた……36
わたくしの目からうろこが落ちた二冊をご紹介したい――イエスの言葉……44
天皇家の正体を見抜けない国民……51
私の叔母上様への伝言……62

日本国イスラエルの民は偶像崇拝をやめないでしょう …… 67
かつて長崎の雲仙で、激しいキリスト信者の迫害が行われた …… 74
練習中のウグイスが毎年やってくる …… 79
Sさんと×さんへ …… 81
日本国民のほとんどが、怒れる霊の神によって裁かれ、火に投げ入れられる …… 97
TPPには、決して参加してはいけない …… 106
私たちはテロリストです …… 111
涙なくして、あなたは人間を滅ぼしたりなさらない …… 117
たった一つだけ、読むに堪えうる詩 …… 127
悪魔神についた民衆と人間は、悪魔の子となり、悪魔の神に似た者となることを望んだ …… 142
聖徳太子の二十五人の家族が、孝徳天皇の命で惨殺された …… 153
この日本国イスラエルに、イエス・キリストは再臨した …… 162
日本がTPPに参加することは、アメリカ（ローマ帝国）の完全占領を意味する …… 177

# 神の怒りの鉄槌が降りおろされる覚悟をせよ‼

私の愛する子よ、私の愛しい子よ。一体何をそんなに嘆いておるのか？　何をそんなに一人で怒り狂っておるのか。顔をしかめて絶望しているのか。世が認めないからと言って子供のように地だんだを踏んで口惜《くや》しがっておるのか？　嘆くことはない。口惜しがることもない。怒ることもない。世々代々人間はあなたのような者を認めたことなど一度もない。

私の言葉を伝えた者を世が認めたことも、人間が素直にそれを受け入れたことも、かつても今も一度たりとてない。あなたは自分で言ったではないか、「神にとっては千年は一日のごとく、一日は千年のごとし」であり、億々万劫《おくおくまんごう》という月日は私にとっては一瞬のまばたきの間でしかない、と。その通りである。私の創造の一つである人間を、私の愛した人間をはじめ、私の愛する動物をはじめ、あらゆる地上の万物の創造のはじめから今日に至るまで、それらの月日と時間は、この創造主である私にとってはほんの一瞬のまばたきでしかない。

私はあなたに私の言うことのすべてを書かせた。それは天と地の創り主であるこの私の、あらゆる万物の創り主である唯一の霊なる神であるところのこの私から、すべて出たものである。それを私はあなたに書かせた。それはこの私から出たものであるゆえ、あなたの書いたものは、一語一句、すべて漏《も》れなく成就する。

かつて私が人間をはじめ、万物を創造して以来、誰一人として味わったことのない揺れを私はこの地球にもたらす。世界中の王が、「主よ！　神よ！　どうぞお助けください!!」と私に向かって乞い願うほどに、私はこの地球を揺らす。ノアのとき以上の激しい水で私はすべてを沈める。私が人間を選別するために、私はそれに先立って、あなたが人間に警告するように、それらの本を書かせた。

あなたが知る通り、私は霊であり、愛であり、本来生かす者である。あなたは私の警告の言葉を忠実に書いた。愛であり、生かす者である私が、警告も発せずいきなりそのようなことをすると思うか？　私が涙を流さずこれをすると思うか？　私が心を痛めないとでも思うか？　もはや私に甘えることを、私は一切許さない。世界中の人間が、この地球上の人間が、このすべての創造主である私に永劫《えいごう》というときの中で甘え切って生きてきた。王から民まで、この私に甘え切ってきた。

どれほど私が人間のために私の愛する子たちを送り続けてきたか。あなたの国の王、天皇の国民に甘えるさまは、イエスの嫌う偽善を行うさまは、自らを神とするその私の最も嫌うごう慢さを、私はもはや許しはしない。汚れた魂のこれらの者を、もはや私は許さず、汚れた者どもと共に、汚れ切ったこの地球と共に霊魂共に焼き尽くし、一つの霊魂も残さず焼き払い、水で流す。

ノアのとき以上の激しさの水でおおわれることを覚悟せよ!!　天地創造の神であり、すべての創造主であり、はじめからあり、これからもあり続ける霊である私の怒りの鉄槌《てっつい》が降りおろされる覚悟をせよ!!　どれほどの警告を与え続けてきたかを思い出せ!!　誰からもほめられない、誰一人も認めてくれない、誰も信じてくれないと嘆くな。肉体世界に住むあなたにとって、三十二年の月日は長かったろう。

あの衝撃的な世間の仕打ちを二十六年経った今もあなたは忘れられずにいる。嘆くな。怒るな。生まれ落ちたときから私はあなたを選んだ。私の本当の正体を知らせる者として、この私があなたを選んだのだ。赤子《あかご》のときからその肉体と魂の成長を見守り続けてきた。すべてはこの私がしたことだ。

今ここでこの私があなたをほめよう。今ここであなたを慰め、愛していると宣言し、励まし力づけよう。幾度もの試練の中であなたは決して私を見失わず、私もまた静かにあなたを見守り、時が来るのを待った。私があなたを信じたのが先だ。あなたが私を信じ、私があなたを信じ、三十二年の時を経て今成就したのだ。

私の言葉を伝え、私の正体を伝え、あらゆるすべての真理を伝える仕事を、偉大なこの仕事を、今あなたは成し遂げたのだ。後はこの私がやる。世があなたを認めなくとも、これから先のことはこの私がおる。だから、あせるな！　嘆くな！　悲しむな！　この私がついている。これから先はこの私がおる。はじめの時からおよそ四十年が経っている。あなたに私が課した仕事はもう終わった。あなたは私を裏切ることなく、立派にそれを成し遂げた。この私がほめよう。

この私があなたを慰め、励まそうとしている。「元気を出せ!!」と。もうあなたの役目は終わったのだ。もう肩の力を抜いてあなたと語り合おう。あなたと私とでゆっくり語り合おう。真に私を知り、真にあなたを知る私にとって、語り合える者がいることは、私にとって無上の喜びだ。さあ、二人で楽しく語り合おう。

## パウロは地獄から来て、また地獄へ往く者となりました

主よ、霊なる神よ、私はあなたにご報告せねばならぬことがございます。パウロがついに堕ちていってしまいました。この三十三年間共に歩いてまいりましたが、ついに彼は堕ちてしまいました。イエス・キリストが私にされたのと同じく、それとまったく同じく、私は私の持っているすべてをこの三十三年間彼に注ぎ続けてまいりました。私の前ではひれ伏し、泣き、愛と慈悲をかいま見せながら、彼の耳は両方あっても何一つ聞こえてはおらず、彼の日は二つ持ってはいても、何一つその目は真実を見ず、彼の口は私の前ではへりくだってはいても、彼のごう慢がそれを打ち砕き、もはや彼は腐った人間でしかありません。

あなたに霊肉共に焼き払われぬように、新しい天と地へ行く者となるように、全身全霊を傾けてわたくしは頑張ってまいりましたが、パウロはもはやここまでとなってしまいました。自分の愚かさを知らず、自己の恥をかえりみず、パウロはただの馬鹿者でした。地獄から来てまた地獄へと帰り、私が何十回言ったかわからない、霊なる神があまりにも汚いこの地獄の霊界を人間もろとも焼き払われるのだ、とどれだけ言ったことでありましょう。

彼、パウロは地獄から来て、あのおぞましい、とても人間の住む世界ではない汚《きたな》く汚《けが》らわしい場所で、汚らわしい人間たちがうず巻くその中で、パウロもあなたによって焼かれ、消滅し、二度と人間とはならない運命の者となってしまいました。汚れ、死臭の漂《ただよ》う人間の側《がわ》にはいっときもいることなどはできません。主よ、霊なる神よ、この汚れた男を、生きながら死臭を放つこの男、パウロを、一刻も早く焼き払ってください。

パウロはごう慢な人間の見本、人間の姿はしていても、地獄へ堕ちる人間たちのよき見本、霊なる神であるあなたが焼き払われ、消滅され、第二の死（霊体と肉体の消滅）を成されるおびただしい、もはや数え切れぬほどに大量に発生したそれら地上の人間たちのよき見本となることでありましょう。もはや地球上のすべての場所がメギドの丘（人類滅亡の場所）であり、黙示録のヨハネの言う、ヨハネはこのメギドの丘をハルマゲドンの地（世界最終戦争の場所）と呼び、世界中のすべてがメギドの山、メギドの丘、メギドの平原、そしてヨハネの言うハルマゲドンの地となってしまいました。

世界はいま一つになりました。主よ、霊なる神よ、あなたは今世界を、この地球上の人間を一つにされ、一つにまとめられました。人種を超え、言葉を超え、あなたは地上の人間を一つに集められました。あなたの声がよく届くように。あなたの声が地上の人間のすみずみにまでよく届くように。

あなたの人間への愛が地球上のすみずみにまで伝わるように。あなたの人間への最後にかける愛が地球上に漏れなく届くように。あなたの最後の愛が――あなたの人間への最後の警告が――伝わるように。

## パウロは堕ちていき、火で焼き払われる人間たちの良き見本となった

パウロについて、あなたはそうは言っても、心の中は張り裂けそうになっている。自分の方が心に深い傷を負い、魂は涙に暮れ、心は深い谷底のように落ち込んでいる。私はパウロについて、「もうよい、もうよい」と幾度か言ったことがあったが、あなたはその私の言葉を聞かなかった。あなたの心の中にあったものは、二千年前にイエス・キリストが選んだ男、ただその一点のために、そして地獄から来たパウロを、何としても新しい天と地へ、という思いで頑張り続けてきた。さぞかし虚《むな》しかろう、さぞかし口惜《くや》しかろう。さぞかし彼に怒りを覚えておろう。

無理なのだ。人間は真剣に変わろうと思わなければ、何一つ変わりはしない。間違った行いで、間違った言葉を口にし、何よりもこの私を見ようともせず、知ろうともせず、自らを善人と思い込み、自己の間違いに気づかず、自然の中から、あらゆる

現象の中から悟ることをせず、あらゆるすべてのものの創造主である私を認識しようとはしない。自らを善人と思い、自らを天国へ往く者と信じて疑わぬような愚かな人間を変えることなどもはや不可能なのだ。あなたにそれができなかったからといって、何一つ嘆くことなどないのだ。

天地の創造主、万物の創り主、はじめから在《あ》り、そしてこれからも消えることのない永劫に存在し続ける、あなたが霊なる神と呼ぶ、または人間たちが口先だけで聖霊と呼ぶこの私でさえ、人間を変えることはできないのだ。ファラオの時代から、アブラハムの時代から、モーゼやサウルやダビデの時代から、アダムとイブの二人の息子、カインとアベルの時代から。

カインが弟アベルを殺したとき、私はカインに尋ねた。「お前の弟のアベルはどこにいるのか？」するとカインは答えて言った。「知りません、私は弟の番人でしょうか」世々代々続いたこれが人間というものの姿であり、このへ理屈と、この天地創造の主である私にさえ嘘をつく、現代にまで続くこれが人間の本性だ。

私が人間を変えられるなら、とうの昔に変えていたろう。私は霊であり、光であり、殺す者ではなく、万物を、人間を生かす者である。人間は星の数を知っているか？天空の宇宙の惑星の数を知っているか？　私はそのすべてを知っている。それはこの私自身が創り、この私が創造したものだからだ。

私は霊であり万物の創造主であり、愛である。はじめから人間の誰一人にも私は干渉などしない。この私を知らしめるために、私の愛する子たちを、天の国に住む天使たちを地上に降《お》ろし、私を信じるように、私を認識するように、はるか彼方の昔からこの私を認識させ、知らしめるために、私の遣いを地上に降ろし続けてきた。私は愛である。殺す者ではなく生かす者である。

この人間の変わらぬへ理屈と、私への嘘を平気でつく人間たちを嘆くことはない。それは私の愛する者を迫害され、無残にも殺されてしまった私にも、これら人間を変えることは不可能なのだ。

神の千年は一日のごとく、一日は千年のごとし、とあなたが言ったことは正しい。人間には数え切れない年月も、私にとっては一瞬だ。私にとってはまばたきの間でしかない。パウロは堕ちていく人間の良き見本となるだろう。この私にしかできない、イエスにさえできない人間の、汚れた人間たちをその霊魂を、悪臭の放つもはや数え切れぬ数の人間の霊魂を焼き払うときが来た。

愛である私がいきなり人間にそれをすると思うか。私の遣いとして私はあなたを地上に降ろし、私の言葉を、私の存在を、私がこれからやろうとしていることを知らせる役目として、私はあなたを地上に降ろし、イエス・キリストを日本の国に再臨させ、イエスが今から行うこと、私が今から行うこと、それらすべてをあなたは忠実に、私の言葉を忠実に人間界に知らせた。

もう嘆くな。悲しむな。落ち込むな。パウロは堕ちていき、火で焼き払われる人間たちの良き見本となった。パウロと入れ替えに、私はあなたの前に黙示録のヨハネを送った。

なぜ黙示録のヨハネが出てこない？　黙示録のヨハネは一体どこにいるのだ？　何年もあなたは黙示録のヨハネを待っていた。パウロと入れ替わるようにあなたの前に現れたその者が、あなたが待ち望んでいた黙示録のヨハネだ。

あなたは私のすることに驚いている。イエス・キリストを発見したときのように、私のすることに目を丸くして驚いている。何も心配するな。何も嘆くな。新しい天と地へ行く日は近い。

## 私の手となり足となり、完ぺきに私のサポートをしてくれる彼女

霊なる神様、このような人間がいます。「私はクリスチャンですが、イエス・キリストは今どこにいるのですか！」などといきなりぶしつけな質問をしてきます。「そんなことをペラペラと私がしゃべったりするわけがないでしょう、イエス・キリストをイエス・キリストと見抜けなかったからみんなで殺したんでしょう」と答えると、「あなたには見抜けるんですか」と聞いてきたりします。

このクリスチャンという女、自分の本の中ですぐに嘘とバレる嘘を書き、私の書いている箇所《かしょ》を取り上げ「こういうことを言っている者がいるが、笑ってしまう」とさんざん攻撃したあげく、笑ってしまう、と言ったりします。私の書いた本を分析し、

わがもの顔にそれが自分の考えであるかのごとく引用し、わかったようなことを言うからわかっているのかと思えば、まるで何一つ身にはついていません。この四十年近い私の歳月は一体何だったのだろう、と思ってしまいます。

パウロのあの馬鹿者に振り回された三十三年間は一体何だったのだろう、と。担当者のY氏にぶつぶつ文句を言えば、「ネガティブになっていますね、人間波があるからそのまま悩んでいなさい」と精神分析医でもこんなことは言わないだろうというようなことを言ってきたりします。〝何だこの男、「私が厳しく言うのは愛です」などと言っておきながら、やっぱりただのいじわる男ではないか〟とますます落ち込んでしまい、〝もういやだ！ いやだ！ 誰も私の前に現れるな！ 私は人間が嫌いだ！ 誰もこの私に近づくな!!〟と思っていましたが、そんなとき確かに必死の形相で現れた一人の若い女性がいます。

一度は私を見つけてもおそらく人を決して寄せつけない、という怖いオーラを発していたのだと思います。声をかける勇気がなくてそのまま帰ったそうです。二度目に、意を決して、という真剣さと恐れのまじったような形相で私の前に座った若い女性がいます。五、六時間も、にこやかに、穏やかに、たとえいついかなるときでも私はこれが得意なのです。たとえ何時間でも。

彼女と別れるとき、「また来てもいいですか?」と彼女が聞いたとき、「いいえもう来ないで、私の前に現れないで。私はこういう会話はもうしたくないから」と言えばたいていの人間はいきなり豹変《ひょうへん》した私に目をむいて驚き、二度と現れることはなく逃げ帰るのです。パウロなど私のこの豹変を見ると、ほとぼりが冷めるまで決して現れません。

ほとぼりが冷めた頃を見はからって、そのときはもうお互いにそのことは忘れておりますので、また元に戻ってしまうのですが、今度という今度だけは、私はもう元には戻りません。それなのに彼女はどれぐらいの距離のところに住んでいるかも知りませんでしたが、あくる日に、郵便受けに彼女からのぶ厚い手紙とプレゼントが入っており、突然現れたことのお詫びなどが書かれていました。電話番号も書いてありました。彼女もずっと私を捜し求めていたそうです。

私の四冊の本(一冊は二十六年前の原本)を肌身離さず持ち歩き、何よりも私が驚きますことは、「私の言うことの証明は、黙示録のヨハネがしてくれる。私の言うことと黙示録のヨハネの言うことが違うならば、どちらかが偽《にせ》イエス・キリストの弟子ということになる」と本に書いたばかりなのです。

このスピードの速さ。私も年を取ったのでしょうか。あなたのなさるスピードに、どうも私はついていけません。やはり私はいつの間にか年を取ってしまったようです。今では彼女は私の手となり足となり、完ぺきに私のサポートをしてくれる人となり、また私の持ち得るすべてを彼女に注ぐという、今ではお互いになくてはならない存在となっております。

「あなたは黙示録のヨハネだそうです」と言ったら「わかります」と彼女は答えました。互いに多くを語る必要なく、互いの存在が今では不可欠となっております。あなたのなさることはほんとに――。もう自分の我で考えることは止め、取り越し苦労をすることは止めにいたしました。

## 本当にあなたは「天に宝を積む」という言葉が嫌いなのだ

あなたは二十六年前のことを覚えているだろうか。もうすっかり忘れてしまっているようだが。編集者が「少し手を加えてください」と書いて送り返してきた原稿を、あなたはその場で捨ててしまい、まったく新しい原稿を書いてそれを彼に送った。「えっ、前の原稿はどうしたのですか。私は『少し手を加えてください』と言っただけなのに」

あまりにも原稿を返され続けたため、これは駄目なのだと勘違いし、早合点をし、その原稿をすべてその場で捨て、新しく書いた物を送ったのだ。それが二十六年間消え去らず、今も残り続けている『愛の黙示録』だ。

自分のつけた題名を変えられたことにあなたは二十六年間も怒り続けてきた。「なぜ勝手に題名を変える！　こんなどこにでもころがっているような題名をつけやがって!!」と。ひとしきり怒りまくった後、今度はもうこんな本のことなど忘れようとする努力をしている間に、本当にすっかり忘れ去っていた。その本が二十六年後、あちこちで三千五百円という値がつけられ売られていることを知り、驚くと共に、また怒りがぶり返した。「こんなどこにでもころがっている題名をつけやがって!!」と。

二十六年が経った今でもあなたは人がつけたこの題名が気に入らずにいる。「これが天に宝を積むという本当の意味である」と編集者が加えたわずかこれだけの言葉にあなたは怒りまくり、「なぜ人の書いた物に勝手にこんな言葉をくっつける!!」と当時も怒り、今も怒り、再発行するにあたり、赤ペンで、「これは前の編集者が勝手にくっつけたものです。とっぱずしてください。私はこういう具体性のない言葉は嫌いです。こんな言葉は一度も使ったことはないし、興味もありません。この言葉ははずしてください」と赤ペンで書き、今の編集者ははずしてくれた。

本当にあなたはこの言葉、キリスト教の者が日常に使うこの言葉――「天に宝を積む」――が真に嫌いなのだ。身体に拒絶反応が出るほど嫌いなのですね。流れの中でイエスが言ったことを、流れを無視してこの言葉だけを日常語として取り上げて使うから、あなたのように具体性を重んじる者たちは、何かフワフワしたまったく具体性のない言葉として忌み嫌うのです。イエスは昔に語った言葉の意味の説明として皆によくわかるようにこの言葉を使ったのであって、それは前に語ったことの説明なのです。ここだけ取り出して言うからあなたのようになるのだ。何の説明もないことになるのです。

あなたのように「一行たりとも加えさせない。自分の書いた物に、たとえそれが下手な文章であろうが何であろうが、一行たりともさわらせない。ましてや題名を勝手に変えるなど決して許さない」などと言う人間を許す出版社の人間は、今の出版社のあなたがよくケンカをしておる担当者Yと編集者Tの二人以外にはいないのだ。世間はそうではない。あなたがその我を通そうとするならば、私があなたに与えた使命は果たされない。本が世に出ることは決してない。

出版社を選んだのも、担当者のYを選んだのも編集者であるTを選んだのも、この私だ。なぜならば大勢いる中で、あなたの書いたものを真に理解できる者は、その他大勢いる中で、この二人しかいないからだ。この二人を選んだのはこの私だ。それがうすうすはわかってはいても、担当者のYとあなたは本気でケンカをする。やっと最近編集者であるTに対して「この人にはかなわない、逆立ちしてもこの人には私はかなわないな」と思えるようになった。そう認めたのはつい最近だ。

あなたは編集者のTを最初からなめ切っていた。私にかなう者はこの世にはいない、と。やっと自分にもかなわぬ人間がこの世にいた、と今頃になってあなたは目を覚まし、目からうろこが落ちる思いでいる。

この二人を選んだのはこの私だ。担当者のYを「クソ馬鹿Y」と言うのはもう止めなさい。口に出しては言わないけれど、真にあなたを理解しているのはこの二人だけだ。

あなたを理解するということは、この私を理解するということだ。この二人の理解は深いのだ。だから担当者のYに「クソ馬鹿Y」と言うのはもう止めなさい。

〝わかりました。もうなるべく言わないように気をつけます。それにしてもこの担当者――。わかりました、もう愚痴、不平、不満は言わないことにいたします〟

## ローマ法王辞任のニュースでなぜ私は笑いころげたか

ところで霊なる神様、ローマ法王ベネディクト十六世がおやめになるそうです。なぜやめられるのか原因を知りたくて、ニュースを観ておりましたら、女性キャスターが、「ローマ法王は本来終身刑で」と口をすべらせてしまい、私はそれを聞き、笑いが止まらなくなりました。一人で笑いころげ、思い出してはまた笑いころげ、というのを続けておりましたが、そこはさすがプロのニュースキャスターで、顔色一つ変えず、動揺も見せず、すぐに続けて正しく流れるように言いましたので、もしかすると気付いた人はいなかったかもしれないと思っておりました。

あくる日、担当者のY氏に尋ねたいことがあり、電話をしたついでに、このことを話しましたところ、私はまた思い出してひとしきり笑いが止まらなくなってしまいましたが、私がその話をする前に、もうすでに何を言わんとしているのかわかったらしいようでした。私につられて自分も笑いながら、ひとしきりお互いに笑ったあとそのことを聞いた彼は急に真面目な声になって、「ローマ法王がやめるという話題よりも、そのキャスターのことの方がずっと大きく取り上げられ、騒がれていますよ」と言いました。

私の国の次期国王となられます皇太子殿下は、もうずいぶん前から水の研究をなさり、「世界水フォーラム」とやらの長であらせられるらしく、世界で「水フォーラム」の会がありますと、必ず海外へと出向かれ、水の研究の成果《せいか》を発表なさっておられます。今回はフランスのマルセイユで開催されるそうで、もうすでにお出かけになり、水に関する研究結果を発表なさることが決まっております。

皇太子殿下の水に関する研究はもうずいぶん長いのですが、水に関してまったく不自由をしていない日本国民にとりましては、この殿下の熱心になさっておられる水の研究というものが今ひとつ何かピンと来ません。失礼を承知でいえば、殿下の研究は日本国民にとってあってもなくてもどちらでもよいような感じさえしてしまいます。

もっと切羽つまった問題が国民の頭上には山積みになっていますので、殿下の水研究がなくとも日本人は生きていける、と不敬な私などは思ってしまうのですが、それと同じことで、このニュースキャスターの終身職を終身刑と読み間違えましたことも、ローマ法王がおやめになってもおやめにならずとも、日本国民は生きていけるという日本国民の思いが、ついこの読み間違えになって出たのだと思いました。ですから、それほどこのキャスターを責める気にはなれませんでした。

何せ急に入ってきたニュースでもありましたので、私もその立場でしたら、同じように終身刑と言い間違えてしまうかもしれないと思いました。皇太子殿下の水の研究がなくても、あるいは法王がおやめになろうがなるまいが、日本国民は不自由なく生きていけるというのが現実です。

あくる日彼女が「ローマ法王がおやめになることを知っていますか?」と言うので昨夜のニュースのことを話しておりますうちに、また笑いが止まらなくなってしまいました。私は笑っているのに、彼女の顔は引きつって目がにらんでおりました。

このキャスターが読み間違えて言ったことを思い出したら笑いが止まらなくなったのですが、それを見た彼女は怖い顔をして引きつっておりました。「ローマ法王のことをそんな風に言ったり笑ったりするなんて!!」というように、ニコリともせず怒った顔で引きつっておりました。

無理もありません。彼女の先祖は隠れキリシタンで、彼女は両親の代から純粋なカトリック信者なのです。彼女が怒るのも無理はありません。彼女が怒る理由を知らない私に、彼女は魔法の機械「iPhone《アイフォン》」というものを使って、その理由が書かれたものを見せてくれました。いろいろなことがずらりと書かれているのを二人で読みながら、ある言葉に二人同時に顔を見合わせました。そこにはベネディクト十六世がすべての枢機卿《すうききょう》を集め、その枢機卿会議で皆にプリントを渡し、そのプリントの中に「私は後継者ペテロのあとを継ぐことはできない」と書かれていたというのです。

イエス・キリストの後継者はこの私だ!! 地獄へ往って、さらにまた今世地獄へと堕ちていったパウロなどを持ち上げて、ローマ・カトリック教会はパウロの書簡をよく読んでみろ! あの支離滅裂なパウロの書簡の一体どこがそれほど持ち上げる価値のあるものか、地獄へと堕ちているパウロを崇拝するなど、ローマ・カトリック教会も堕ちたものだ。

イエス・キリストの日本再臨を三十五年もかかって知らせようとしているこの私は、

二十九年前にあの信じられないほどの弾圧を経験した。出版社のK社をつぶしたのは一体誰だ!! 一年も経たず、すべての書店から、海外の書店からも、一冊残らず撤去させたのは、あるいはイエス・キリストの再臨を決して許さなかったのはどこの誰だ!! この私をイエスともどども二十九年前、奈落の底へとつき落としたのはどこの誰だ!!

二十九年後の今、奈落の底から這い上がってきた私は、ローマ・カトリック教会と闘う。霊なる神と、今再臨したイエス・キリストを味方に、私は今から闘う。と誓った。

復刊した『愛の黙示録』にも、『神への便り』の本文の最後にも、あなたへの便りとして、「霊なる神の代理人、イエス・キリストの弟子ペテロより」と書きました。二千年の歴史の中で、自ら退任される法王は今回の方で二人目だそうです。そして、ペテロを後継者とはっきりと認めたのも二六五代目のこの法王ただ一人です。

「山下さんのを読んだのではないですか?」

「どうしてこんなに早く? まだ一年と少ししか経っていないのに?」

「今は世界中の人とコミュニケーションができる時代ですよ」

「でも日本語なのに？」

「ベネディクト十六世はドイツ人ですよ」

「そう言えば前の法王はポーランド人だったよね」

「法王は十ヶ国語ぐらい読めるんじゃないですか？　あちこちの国に行ってきた人が法王になると思うから」

「じゃー、読んだんだ」

「間違いなくもう読んでいますよ。病気でもない法王が急にやめるはずがない」

「そうよね、『私は後継者ペテロのあとを継ぐことはできない』と言った人だものね。イエス・キリストの再臨を、日本におけるイエス・キリストの再臨を認めたんだ、きっと」

私と彼女との間でこういう会話をし、「私の本を読んだ」という結論に達しました。

私は恐れおののいております。この法王がやめたとき、ペテロが現れたとき、聖マラキの預言を知っている者ならば、恐怖に打ちのめされます。

主よ！　霊なる神よ!!　この地球にはまだ美しい場所がたくさん残っております。目の醒《さ》めるような美しい場所が、この地球上にはまだたくさん残っております。数々の美しい遺跡も。

主よ！　霊なる神よ！　それでもあなたはこの地球を滅ぼされますか。地上の人間もろとも滅ぼされますか。あなたが長い長い年月の間、人間のために待たれたことは知っております。あなたの計画は変わりませんか。私は恐れ、震えおののいております。

## この私を見出さない人間たちを私は皆滅ぼす

ペテロよ、ペテロ。人間は過去の教訓を学ぼうとしなかった。過去の聖人たちの声に耳を傾け、彼らの声を耳を澄まして聞こうとはしなかった。私が地上に送った永遠に古くなることのない、永遠に腐ることのない、はじめから世の終わりまで汲《く》めば湧きいづる言葉を語る者を、私は地上の人間たちのために送り続けてきた。しかし人間は彼らの言葉に耳を傾けることはなく、偶像を拝し、偶像を拝してはならぬ、とどれだけ彼らが叫ぼうと、愚かな人間たちは地に溢《あふ》れるようになってから今日まで、偶像を拝することを止めなかったのだ。

モーゼの時代から今日まで、霊なる神であり天地の創造主であり、あなたたち人間をはじめ、万物を創造したこの私を観る者、語る者は少なく、今では誰もいなくなった。

よいかペテロよ、今ではこの私と語り合えるのはあなたとイエスだけだ。わかるか、地上は人間で溢れかえり、地球という惑星に人間が溢れかえっていても、誰もこの私を観る者はいない。皆偶像礼拝者だ。

この私が捧げ物をせよ！　といつ言ったか？　動物や人間の大人や子供を殺して私に捧げよ！　などと私が人間たちにいつ言ったか？　モーゼの時代からこの私の存在は勝手にゆがめられ、モーゼやアブラハムやノアやダビデでさえ、真に真実、この私を理解してはいなかった。今世あなたはモーゼやダビデが地獄へと堕ちるのを目の前で見てきた。

パウロもそうだ。弥勒《みろく》もそうだ。彼らは地獄へと自ら堕ちていった。なぜか、真に彼らはこの私を理解してはいなかった。それら人間たちのために、真に真実この私を知るように、イエスを地上に遣わした。真実のこの私を人間が知るように。それがどうだ、この有り様だ。

あなたたちが地上に現れた人間の存在を知るはじめから、誰一人この私を認識する者などいなかった。そうでなければこの私が塵《ちり》や土で人間を創った、などとは言わないだろう。

人間界でのこの長い歴史をまさしく正すため、地球の最後の預言のアンカーとして、私は地上にあなたを送った。真に正しく私を認識するように。イエスに育てられ、今あなたはそれを果たした。人間がそれを信じようが信じまいが、受け入れようが受け入れまいが、もう人間のことなど放っておけ。この私がすべてを見ている。

私は夜星に輝く星の数すべてを知っている。宇宙の惑星の数のすべてを知っている。あなたたちでさえ、自分の画いた絵や自分の書いた本であれば、それがどれだけ多かろうが、それは自分が画いた絵、自分が書いた本だとすぐに理解するはずだ。自分の創造した物をあなたたち人間でさえ決して忘れることはない。私も同じだ。

私は私の創造物を何一つ忘れることなどない。星の一つさえ、地上の人間の一人さえ。すべてを私は見ている。私がバベルの塔を造ることを禁じ、滅ぼしたのは、人間は高い建物を造れば造るほど、この私が見えなくなってしまうからだ。

自然の中でしか人間は霊である私を見出せず、その創造によってしか万物の創り主であるこの私を見出すことはない。もはや地球上のすべてのものがバベルの塔となった。よって誰もこの私を見出す者はいない。

この私を見出さない人間たちを私は皆滅ぼす。偶像を拝してはならぬとどれほど言っても人間は聞く耳を持たず、霊なる私を見出さない。偶像礼拝者、悪魔に洗脳された者、愛なき者、エゴイズム渦巻く汚れ切ったこの人間たちを、私はこの私にしかできない方法で、つまり人間の汚れ切ったその霊魂を焼き払う。イエスが再臨したのはそのためだ。

私の指令を受け、汚れた人間どもを焼き払い、水で洗い流し、二度とこの私の前に姿を現さぬようにするために、イエスを地上に送ったのだ。その前に、最後の人間への私の愛、最後の改心を求めるため、私の言葉を書きつづり、真に私に立ち返るようにあなたに書かせ、それを世に送った。人間たちのことなど放っておけ。あとはこの私がすることだ。

あなたが美しいという場所には、人間は誰も住んではおらん。その美しい場所の美しい自然の中の造形から、人間がこの私を見出すならば、私は人間を滅ぼしたりはしないだろう。あなたが言う遺跡とは、滅ぼされた文明の残骸だ。どこに美しい物があるか。これほど汚れ切った時代はかつて一度もない。人間どもは宇宙を汚し、海を汚し、この地上も人間もゴミだらけで、あまりの汚れに私は目まいがしておる。私は地球のあまりの汚さに目まいがしておるぞ。魔法の機械を二人でのぞき込み、そこに書かれていたことで、二人顔を見合わせてひそひそと話しておったが、あなたたち二人が話していたことは正しい。

六百年以来、二千年に二人目、自ら退任するというこの法王は賢い。ここにいては私は救われない、と思ったのだ。「後継者ペテロのあとを継ぐことは私にはできない」と言ったのはイエス・キリストの再臨を信じたからであるし、ペテロの出現を認めたからだ。ここにいては自分は救われないと思ったからだ。

二十九年前を思い出しなさい。ひと月も経たず、あなたの書いた本は海外へと行き、一年も経たず、半年の間に彼らはそれを知り、あの激しい弾圧を加え、すべての書店から一冊残らず回収させた。彼らはもうすでにあなたの書いた物を読んでいる。だから後継者ペテロと初めて口にし、イエスの再臨を認め、信じたのだ。この法王は実に賢い。

次の法王がいつまで続くか、そしてまたこの法王が二十九年前と同じように怒り狂い、あの激しい弾圧を再びあなたに加えるか、私は知らん。人間が何をするか、私にはわからん。ただ黙ってじっと見ているだけだ。人知の及ばぬことが起こると、地上の人間たちは「想定外のことが起きた!!　これは想定外の出来事だ!!」とわいわいと騒ぐ。私から見ると、地上の人間たちがやることこそ「想定外」だ。

人間は「想定外」のことをする。まったく何をしでかすかわからん。地上の人間のすることこそ私にとっては「想定外」以外の何ものでもない。実に何をやらかすかわからぬ人間どもだ。驚き、あきれ、おもしろがって人間のすることを見ている他ない。

だからあなたもそうしなさい。放って見ておればよい。

## ソドムとゴモラの町はそこに住む人間もろとも滅ぼし尽くされた

ソドムとゴモラの町をあなたが人間もろとも火で焼き、滅ぼされようとしていることを知ったアブラハムが言いましたね。「主よ！　主よ、この私、アブラハムの声が聞こえますか、あなたは正しい者も悪い者もいっしょくたに滅ぼそうとされているのですか、つまり、ミソもクソも一緒に滅ぼされるおつもりですか、ミソはミソ、クソはクソと分けるべきではありませんか」

「あの町に正しい者が五十人いるとしても、それでも滅ぼし、その五十人の正しい者のために、町をお赦《ゆる》しにはならないのですか。正しい者を悪い者と一緒に殺し、正しい者を悪い者と同じ目に遭《あ》わせるようなことを、あなたがなさるはずはございません。まったくありえないことです。全世界を裁くお方は、正義を行われるべきではありませんか」

あなたは答えられました。「もしソドムの町に正しい者が五十人いるならば、その者たちのために、町全体を赦そう」

アブラハムは言いました。「塵《ちり》あくたにすぎないわたしですが、あえて、わが主に申し上げます。もしかすると、五十人の正しい者に五人足りないかもしれません。それでもあなたは五人足りないために、町のすべてを滅ぼされますか」

あなたは答えて言われました。「もし四十五人いれば滅ぼさない」

アブラハムは重ねて言いました。「もしかすると、四十人しかいないかもしれません」

あなたは言われました。「その四十人のために、わたしはそれをしない」と。

アブラハムは言いました。「主よ、どうかお怒りにならずに、もう少し言わせてください。もしかすると、そこには三十人しかいないかもしれません」

あなたは答えて言われました。「もし三十人いるならば、わたしはそれをしない」と。


ソドムとゴモラの町はそこに住む人間もろとも滅ぼし尽くされた

アブラハムは言いました。「あえてわが主に申し上げます。もしかすると、二十人しかいないかもしれません」

あなたは言われました。「その二十人のために、わたしは滅ぼさない」

アブラハムは言いました。「主よ、どうかお怒りにならずに、もう一度だけ言わせてください。もしかすると十人しかいないかもしれません」

あなたは言われました。「その十人のためにわたしは滅ぼさない」

あなたはそう言われると、アブラハムのもとから去っていかれ、アブラハムも自分の家に帰ったそうでありますが、霊なる神であられるあなたとアブラハムのもの別れ。神と人間との考えの違い。神と人間とのもの別れ。

アブラハムともあろう人が、あなたに懸命に頼んでも、あなたはそれを聞き入れられず、今日までも語り継がれるように、ソドムとゴモラの町はそこに住む人間もろとも天から火といおうが降り、建物も人間も焼き尽くされ、滅ぼし尽くされました。二つの町が見事に壊滅し、人間も建物も破壊し尽くされたのですから、爆弾テロ犯の仕業ではないことは確かです。天から火といおう、二つの町が見事に廃墟となる。これはあなたが誰かに核ビームを遣わされたのでしょうか。先日はロシアに隕石が落下し、恐ろしい閃光《せんこう》と爆音と共に、ロシアの町の頭上に落ち、「世界の終わりだ!!　世界の終わりだ!!」と人々が叫びながら逃げまどっておりました。

　大変な被害をもたらしたあれが、私たちの頭上に落ちたら、人間はひとたまりもありません。重さ約一万トン。広島、長崎の原爆の三十倍の威力。人間は初めて自分たちの目の前で隕石が落ちるのを目にしたのです。ソドムとゴモラも、あなたは二つの町を破壊させるため、それにふさわしい星を空から落とされたのでしょうか。

　アブラハムとおいのロトは急ぎ逃げ出して助かりましたが、うしろを振り返ってはならないと言われていたのに、ロトの妻はうしろを振り返ったため、そのまま焼けて死んでしまいました。やはりこれは核ビーム、現代の核爆弾だとわたくしは思いますが……。

　あなたはいきなりそのようなことをなさったのではなく、二人の人間を遣わして、「主がこの町を滅ぼそうとされているから早く逃げなさい！　皆早く急いで逃げなさい！」という者を遣わし、「命がけで逃れよ。後ろを振り返ってはいけない。低地のどこにもとどまるな。山へ逃げなさい。さもないと滅びることになる」と言わせました。なのに二人の警告者の言うことを皆あざ笑い、信じず、あなたの声を聞く能力を持たぬ者は皆そこにとどまり、信じず、聞かぬ者たちは、ソドムとゴモラの町と共に滅び去ってしまいました。

あなたの声を聞く能力を持ったアブラハムは、おいのロトとその妻を連れ、いち早く逃れ、危機一髪のところで助かりましたが、うしろを振り返ったロトの妻は、そのまま火に焼かれ死んでしまいました。何もかも消えうせたソドムとゴモラの町の地面からは、煙がもうもうと上がっていたそうでありますが、あれはあなたが星を二個落とされたのでありましょうか。それとも一個で二つの町を壊滅させられたのでありましょうか。はるか昔から人間は核ビームで滅びてきましたので、核爆弾だったのでは、と思いますが……。

ともあれ、この二つの町が、燃えさかる火といおうによって人間もろとも壊滅したことは、今現在、このときまで語り継がれております。それがどれほど激しかったかを物語るものと思われます。主よ、霊なる神よ、あなたのこの度の計画は、太陽系銀河の消滅です。なぜあなたがそこまでなさるのかは、なぜそこまでしなければならないかは、『預言の書』に詳しく書きました。

イエスはこう言いました。今までに何度も言ったり書いたりしてきたことではありますが、イエスが再臨した今、彼がどれほど偉大な預言者であったかを、現代に生きる私たちはしっかりと胆《きも》に銘じなければならぬと思います。二千年前にイエスが言った言葉です。

二千年前、あなたが地上の人間のためにこの世に遣わされたイエスの言葉です。彼の言うこと為すことは、寸分の狂いなく成就することを、今イエスが再臨した今、私たちはしっかりと胆に銘じなければならぬと思います。二千年前の、二千年後の彼の預言です。「天の国のこの福音が、全世界に宣《の》べ伝えられ、諸国の人々に向かって証明されるとき、そのとき終わりは来る」

「ああ、エルサレム、エルサレム（これは現在の日本のことです。ユダヤ人である日本人よ、イスラエル国日本に住むイスラエル人であるところの日本人よ、よく聞くがよい）、預言者たちを殺し、自分に遣わされた人々を石で打つ者よ。牝鶏《めんどり》が翼《つばさ》の下にひなを集めるように、私は幾度おまえの子らを集めようとしたことだろう。それをおまえは拒んだ。おまえたちの家は荒れ果てたまま残される。私は言う、主の名によって来る者、祝されよ、というときまで、おまえたちはもう私を見るまい」

ソロモンの神殿の立派さをイエスに言った弟子たちに対して、「それらいっさいのものをあなたたちは見ている。まことに私は言う。ここには石の上に一つの石さえ残さず崩れ去る日が来る!!」。

イエスの預言通り、「イスラエル人よ、おまえたちはもう私を見ない」と言ったその後、ローマ軍に攻め込まれ、ダビデの子、ソロモンの神殿は打ち壊され、イスラエル人の悲願であるソロモンの神殿は、今も打ち壊されたままである。

ダビデはイスラエル国であるこの日本に顕れ、その息子ソロモンの神殿は今、このイスラエル国である日本に建っている。イエスが再臨した今、このソロモンの神殿は、北から来る軍勢によって打ち壊され、柱一本残さず打ち壊され、宝物のすべては持ち去られ、バビロンの軍勢によってこの中に住む者は、バビロンへと連れ去られる。

イエスは言う、「はげたかは死骸のあるところに集まる」。霊なる神、主は言われる、

「死人が増え始めたら、終わりは近いと思いなさい」と。

ダビデもソロモンもその子孫もローマ法王も、イエス・キリストに勝《まさ》る者たちではない。イエスが再臨した今、世界中の王たちは滅びる運命となる。チュニジア、エジプト、リビア、モロッコ、バーレーンの王たちは倒れ、シリアの王は今まだ抵抗を続け、自分の国民を容赦なく、おびただしい自国民を残虐に容赦なく殺しながら、今なお抵抗を続けている。

アラブの春と呼ばれる自国民による王家、王族打倒、命をかけた国民による王打倒のうねりがまたたく間に世界中をかけめぐった。倒れた!! 倒れた!! 独裁者が倒れた!! 我が国の王が倒れた!! 喜びに喜べ!! その裏には大勢の子供から大人まで数え切れぬ人間の、国民の犠牲がある。王であれ法王であれ、イエスに勝る者はこの地上にはいない。日本国イスラエルの王が倒れる日は近い。

## わたくしの目からうろこが落ちた二冊をご紹介したい
## ――イエスの言葉

不義が増すにつれ、おびただしい人間の愛が冷める。（バビロンから来る）荒らす者のいとわしい者が聖所（イスラエル・日本国の聖所）に立つのを見たら――読む人は悟れ――そのとき、ユダヤにいる者は（ユダヤ人である日本人は）山に逃げよ。屋根の上にいる者は、家のものを取り出そうとして下りてはならぬ。畑にいる者は、外套《がいとう》を取りに引き返すな。その日不幸なのは、みごもった女と乳を飲ます女である。

こういうことが冬や安息日に起こらぬよう、その日逃げ出すことのないように祈れ。そのときには、世のはじめから今までにもなく、後にもないほどの大艱難《かんなん》が起こる。これら日々の艱難の後、直ちに日は暗くなり、月は光を失い、星は空から落ち、天の力は揺れ動く。私が再び来るとき、これらのことが起こる。

だがまだ終わりではない。終わりの始まりに過ぎない。

神様！　霊なる神様！　夜空に輝くすべての星の数を知り、宇宙の惑星のそのすべての数を知られる霊なる神様、地上の人間のそのすべての数を知り、人間の髪の毛一本一本さえ見逃すことなくあらゆるすべてを知り、すべてを常に見ておられます神様、万物の神、創造の神、霊なる神、初めから在り、永遠に在り続けられる天地、万物の創造の神。主よ、霊なる神よ、イエスは天から星が落ちる、と言いました。ロシアに落ちたあの小惑星は、大きな星の落ちる前ぶれなのでしょうか。

私に見せられたあの山のような高さの海は、星が空から落ちるせいなのでしょうか。あなたはノアのときより激しく私は地球を水でおおう、と言われます。あの海の山はあなたが空から一つ放り投げられる星のせいでしょうか。馬鹿な人間たちは、預言というものには二十年から三十年のタイムラグがあるという常識さえ知らず、そんなことも知らぬ愚民たちが、ノストラダムスのことを非難、批判、中傷し、あざけり笑っております。預言というものには二十年から三十年のタイムラグがある、というこの常識さえ知らぬ者たちが。「空から恐怖の大王が降ってくる」という彼の言ったこととは、「星が、惑星がこの地球に落ちてくる」という意味ではないのでしょうか。

十六世紀半ばに顕れたノストラダムスは、こうも予言しています。「月の世から二十年が経つと、七千年別のものが王国を保ち、太陽が末路をたどると、我が予言も成就、終了する」

夜・昼転換《てんかん》。月の夜で暗くて見えなかったものが、まっ昼間の世界となり、すべてが見通せ、白日のもとにさらされる月の世から二百年が経ち、二十世紀が終わると、当時キリスト教で言われていた七千年紀とは二十世紀最後の年であり、二十世紀が終わりを告《つ》げ、二千年の時を経て、イエス・キリストが再臨するとき、太陽が末路をたどると、太陽が爆発し、天が燃え尽きるとき、我が予言も成就、終了する。これは私のノストラダムスの予言詩の自分なりの解釈ですが、何か私の予言の証明をしてくれているように思われます。

あなたに遣わされた者の予言は、すべて皆同じです。「千年は一日のごとく、一日は千年のごとし」

ノストラダムスの予言には、時間も、宇宙の空間も、一切《いっさい》存在してはいません。ノストラダムスの予言はまだ終わってはおりませぬ。

どうしてこう人間は人をあざ笑うのでありましょう。今は偽預言者たちがあそこに一人、ここに一人どころではなく、地上にあふれかえり、オウム真理教などその最たるもので、「ハルマゲドン」などという言葉は黙示録のヨハネとペテロであるこの私以外決して使うな!! 使ってはならぬ!! と内心思っておりますのに、殺人教団までもが預言者を名乗り、有象無象《うぞうむぞう》の預言者たちが、人の預言をわがものにしようと手ぐすね引いて待っております。

地上は偽預言者であふれております。地上に悪を解き放ち、地上に偽預言者をあふれさせ、それでも彼らの好き放題にさせておられるあなたの神意を私はわかっております。なぜそうされるのか、このわたくしはしかと理解しております。

真実の者は誰か、本物は誰か、その見きわめを人間ができるか。盲目の人間か。その目が真実を見きわめることのできる人間か、あなたは試し、選別するために、これら悪を地上にはびこらせたままにしておられます。真実を見る者は少ない。あなたを識《し》る者は少ない。イエス・キリストを、イエス・キリストと見抜く者はこの地球上におそらくいないのではないか。

三十二年間もかかって、やっと二、三人の正しき者、あなたを認識できる者を、もしこれからも彼らが決して変わらぬという条件つきで、見つけ出しましたが、あなたを認識する者は、今ではもうほとんどいない、と言ってもよいのではないでしょうか。「あなたが拾う者は私も拾い、あなたが捨てる者は私も捨てる」とあなたは言われます。あなたは知っておられます。私が人間の波動を見ていることを。わたくしが新しい天と地へ行く者を、その人間の波動で見ていることを。善人ではあっても皆その波動は粗い。波動の粗い人間は、新しい天と地へ行くことはできません。殺人者の波動など粗すぎて近づけません。

人間の出す波動のあまりの粗さに、地球は揺さぶられ、恐ろしく揺れに揺れております。人間の出す波動が地球を揺らし、超巨大地震となり、超巨大津波となり、超巨大噴火を引き起こすでありましょう。イエスの言うように、「世のはじめから今までにもなく、後にもないほどの大艱難」が地球の人間を襲《おそ》うでありましょう。

もはや地球上の人間の運命は、わらのようにあなたに焼かれ、消えうせます。その日そのときを、あなたもイエス・キリストも、じっと待っておられる。かつてない、今までにない厳しい人間への選別の目をもって。

イザヤも言います。「世界とそこに生ずるすべての者よ。主はすべての国に向かって憤《いきどお》りを発《はっ》し、主は絶滅することを定め、絶滅に定められた民を裁かれる」

主よ！　主よ！　星が落ちてきたらどうしましょう。あなたにとりましては一つポイと投げられるだけでありましょうが、もう今までに何回も隕石が地球に衝突し、恐竜たちはそのせいで絶滅したとも言われておりますが、もう地球はそれら過去の小惑星の衝突で、すでに落ちそうに傾いております。

どうぞ星をポイとお投げになることだけはおやめください。お願いします。人類はまだ悔い改めるかもしれません。二〇一一年三月十一日のあの巨大災害、東日本大震災を、二年しか経たぬのに、もう忘れ果てる日本国民ではありますが、まだどこかに悔い改め、改心する者が今から出てくるかもしれません。望みはうすうございますが、愚民のために、わたくしは是非紹介したい本がございます。悔い改める気がある者は是非読んでほしいと思います。

愚民が日本を滅ぼし、愚民が地球を滅ぼす、愚民のための聖教書です。「悔い改めよ!!」と書いてありますので、悔い改める気のない者は読んでも無駄だから、読まない方がよいと思います。わたしくにとっては今一番の心のなぐさめ、元気と勇気を与えられる唯一の本でございます。著者は哲学者です。三十八歳の日本人です。適菜《てきな》収《おさむ》著、『ニーチェの警鐘――日本を蝕む「B層」の害毒』（講談社プラスアルファ新書）です。

『日本をダメにしたB層の研究』（講談社）という本も含め、私はこの方の本をすべて持っております。とにかくわたくしの目からうろこが落ちたこの二冊を、重ねてご紹介申し上げます。

悔い改める意志のない人は決して読まないように。過激さにおいてはわたくしの前著三冊とどっこいどっこいです。悔い改める意志のある人だけがお読みください。人間というのは本当のことを言われると怒りますので。

ところでこれはつい最近のことですが、週刊文春で適菜収氏の「今週のバカ」という連載が始まりました。イラストではなく、本物の顔写真付きです。二重唱かデュオ演奏のように、二人で「バカ、バカ」と連発していますが、ある種の虚しさを感じておられると思います。拙著『預言の書』に私は「もう後の祭り」と書きました。適菜氏も著書の中で「もうだめです。手遅れです。危険水域を超えています」と書かれています。

## 天皇家の正体を見抜けない国民

主よ！　主よ！　揺れております。箱根の山が恐ろしく揺れ出しました。山全体が膨張しているそうです。富士山も一緒に大爆発を起こすでしょう。スピードが速まりました。昨日はあなたからの伝言をすべて書き終えました。

「私は自由なんだ！　霊なる神の役目を終え、（この三十二年間、わたくしの顔はひきつっておりました）あなたからも解放され、もう私は何を書いてもいいのだ、わたくしは自由なのだ！」と思いました。「もう自分の好きなことを好きなだけ思う存分書いてもいいのだ」と思うと、全身が解放感で満たされ、楽しくて楽しくて担当者のY氏に歌いながら、「ぶんぶんぶんハチが飛ぶ、おいけのまわりにのばらが咲いたよ、ブンブンブン、ハチが飛ぶ」と歌いながら電話をいたしました。

そうしたら、「何をやっている！　何を浮かれておる！　のんびりしていないで急いで書きなさい!!　時間がないのだ、早く急いで最後の部分を書きなさい、人間が誤って信じつづけてきたことを書きなさい。『そうではない、これが本当のことだ!!』と全人類に知らせる仕事がまだ残っておる。地上の人間が信じ込んできたことをひっくり返すのだ。真実を知らせるのだ、最後の私とあなたの仕事だ、急ぎなさい、急いで書きなさい、もう時間がないぞ、何がブンブンハチが飛ぶ、だ。浮かれていないでのんびりしていないで急いで書きなさい」と叱られてしまいました。まだあなたにとっつかまって自由にはなれないのか、と首をうなだれてこれを書いております。

もう何を言っても無駄、何を書いても無駄。適菜氏が虚しさで「バカ」を連発されるように、私も絶望的な虚しさを感じております。もう何も変わらない、という虚しさを――。主よ、霊なる神よ、すべてあなたの計画通りに事が運ぶだろう虚しさを――。

完全に自分の思うようには書けない。しかしわたくしが真の自由を味わうときがもうすぐ来るでありましょう。真の自由と歓喜に打ち震えるときが、もうすぐ来るでありましょう。あなたと共にわたくしは最後の仕事をいたします。この原稿が世に出るのが先か、あなたとイエスの起こされる大審判が先か。もうそんな感じがいたします。この原稿が世に出るまでは待たれるでしょう。しかしその後はもう何が起こるかわかりません。

大変です！　大変です！　ほんとに箱根の山がおかしくなっています。富士山の根っこでできているのが箱根の山だそうです。富士山が先か、箱根の山が先か、と専門家たちが騒いでおります。担当者のY氏ですら「東京が揺れに揺れておりますので、私、福岡へ行きます」と言い出しました。

福岡は大都会なのに、大都会の福岡しか知らないのに、福岡しか行ったことがないのにそんなことを言うので、「それを言うなら久留米でしょう」と言いました。前は川、横は延々と続く田んぼ、田植えや稲刈りや、夏にはゲロゲロゲロゲロとカエルの大合唱で目が覚めるような田舎に私が住んでいると彼は知らず、「福岡、福岡、福岡へ行きます」と言っておりましたが、福岡は大都市です。

この人可愛い人です。ときどき「クソ馬鹿Y」と言いますが。本当は可愛い人です。あと二ヶ月で三十五歳になるそうです。

年寄りの私でさえ怖いのだから、彼が怖がるのも無理はありません。いったん地上の人間はすべて死に絶えるのですから。今、日本に再臨したイエス・キリストが、富士山に向けて「動いて海に入れ!!」と命じたら富士山は崩壊し、崩れた山は海になだれ込み、巨大な津波を引き起こし、大勢の人間が波にのまれ、死にます。これはイエスの大審判の中盤で、これで終わりではありません。太陽系銀河の消滅まで、審判が終わることはありません。

イザヤの言う通り、「主はすべての国に憤《いきどお》り、主は絶滅することを定め、絶滅に定められた国と民を滅ぼす」ということです。ノアのときより激しく、わたくしに見せられました通り、山の高さのような海水で地球をおおわれますならば、地上には生き残れる者など一人もおりません。

私も恐れおののいておりますのに、どのように彼を慰めることができましょう。死んでのち、あなたは必ず新しい天と地へ往くから、いつも話し合っているようにTさんとあなた、私たちは必ず新しい天と地へ往くから、私たちは死んでのちそこへ往き、兄弟となるから、と言ってみても、どうもいまひとつ説得力に欠けるような気がいたします。「死んでのち」というのがどうも引っかかります。死んだ経験がないので、この私でさえ怖くて恐れおののいておりますのに、三十代の若者に「死んでのち」などと言ってもいまひとつ説得力に欠けます。

「恐れるな!! 恐れるな!!」とイエスは言いますが、これが恐れずにいられましょうか。あの東日本大震災の恐怖。まだ海に飲み込まれた数千人の人々の遺体があがりません。

あの何もかも飲み尽くす、すべての家と数万の人々を飲み込む巨大津波。この地球が壊れてしまうほどの巨大地震。二年しか経たぬのに、日本人はやれ「東京で是非オリンピック開催を!!」と旗を振り叫び、都知事は二〇二〇年の日本オリンピック開催を求めて、集団を引き連れて海外にまで行き、東京にカジノをと言い出す馬鹿国民集団がこの日本人です。

「福島原発の高濃度汚染水がたまりすぎ、どうにかしなければならないから海に捨てようか」と政府が言っておりましたが、私の推測では、東電は、あふれて持っていき場のないこの高濃度汚染水をもうとうの昔から海に捨て続けているはずです。今もこれを海に流し捨てているにちがいありません。それにあの爆発から汚染水は海に流れ続けており、止まってはおりません。だから電気をつけず、まっ暗にして調査団が調査に行ったとき、まっ暗で電気がつかないから調査はできない、と追い返したのです。調査団がこれを不服として東電が調査させなかったことは公表しましたが、彼らは国民をあざむき、政府も国民をあざむき、今も現在も、高濃度汚染水を海に流し捨て続けています。まだあれから二年しか経っていないのに、この数千人の海に流された人たちの捜索をやっている最中だというのに。

また私の意見では、日本国天皇は、まだあれから一年しか経たぬ頃、女性宮家創設を政府に要求し、侍従長にこれは急務を要することだ、と言わせたと思います。政府に急ぎ強く要求し、人をかき集め、政府は女性宮家創設検討委員会を発足させましたが、天皇家というのは、仮設住宅を回りながら、この国民の悲惨な現状を知りながら、そんなことを要求するとは、偽善者と言ったら言いすぎでしょうか。

そんな天皇家の正体を未だ見抜けず、崇拝する愚かな国民。日本は上から下まで、お上から、つまり天皇一族から国民まで愚かな存在に成り下がってしまっています。昭和天皇がどう言ったか、それを知れば、愚かな国民の中からも、一人か二人は目が覚める者が出てくるやもしれません。

アメリカは日本に原爆を落とすとき、昭和天皇に「この戦争を止められるのはあなただけだ。この戦争を終わらせることができるのは、天皇であるあなただけです」と何度も何度も言ったそうであります。それでも天皇は「やめろ!!」とは言われなかった。これは側近の日誌とも一致し、間違いなく昭和天皇の言葉だと証明された『昭和天皇独白録』（文春文庫）の中の一節です。

第二巻（四）沖縄決戦の敗因

「之は陸海作戦の不一致にあると思ふ、沖縄は本当は三ケ師団で守るべき所で、私も心配した。梅津は初め二ケ師団で充分と思つてゐたが、後で兵力不足を感じ一ケ師団を増援に送り度いと思つた時には已に輸送の方法が立たぬといふ状況であつた。

所謂特攻作戦も行つたが、天候が悪く、弾薬はなく、飛行機も良いものはなく、たとへ天候が幸ひしても、駄目だつたのではないかと思ふ。特攻作戦といふものは、実に情に於て忍びないものがある、敢て之をせざるを得ざる処に無理があつた。海軍は「レイテ」で艦隊の殆んど全部を失つたので、とつておきの大和をこの際出動させた、之も飛行機の連絡なしで出したものだから失敗した。陸軍が決戦を延ばしてゐるのに、海軍では捨鉢の決戦に出動し、作戦不一致、全く馬鹿〳〵しい戦闘であった、詳［し］い事は作戦記録に譲るが、私は之が最后の決戦で、これに敗れたら、無条件降伏も亦已むを得ぬと思つた。（中略）

〈注〉特攻については、昭和十九年十月二十五日のいわゆる〝神風特別攻撃隊〟の第一弾が実行され、その報告を聞いたときの天皇の言葉がすべてをあらわしている。「号令台に上がって中島中佐はこの電文を読み上げた。『天皇陛下は、神風特別攻撃隊の奮戦を聞し召されて、軍令部総長にたいし次のようなお言葉をたまわった――〝そのようにまでせねばならなかったか、しかしよくやった〟――』」（『昭和史の天皇』）

『預言の書』にも書きましたが、「これ以上続けるならこの私を殺してからにしろ!!」とは言われなかった。それはもう、昭和天皇は戦争を止めようとは思われなかったと言ってもいいのではないでしょうか。そこで日本国中があのような火の海となった。戦地で死んだ若者は数知れず。他国を占領し、現地で虐殺した人々も数知れず。

無数のB29から落とされるしょうい弾の中を、火の海の中を逃げまどう人々と共に逃げまどいながら、永井隆博士はこう思われたそうです。「どうか当たりますように、と祈りながら空からしょうい弾を落とす者も、どうか当たりませんように、と必死で逃げまどう私たちも、互いに同じキリスト教徒であった。神様が互いの願いを聞き届けられ、しょうい弾が空中でぴたっと止まることはなかった」と。原爆の後遺症で博士は亡くなりましたが。

東京も、日本国中も焼け野原となり、黒こげの死体の山と化し、沖縄ではあのむごたらしい地上戦が展開されました。かろうじて命は助かっても食料がなく、東京は餓死者であふれました。東京でも地方でも食べる物がなく、飢えで毎日人がバタバタと死んでいきました。そんな状況から数年後、昭和天皇とときの皇后はアメリカを訪問されました。

帰国された天皇と皇后は記者会見を行い、そこで記者たちは天皇につめ寄ったそうでございます。「アメリカの広島、長崎の原爆投下をどのように思われますか」と聞くと、天皇は答えて言われたそうです。「気の毒だとは思うが、戦争中のこととて仕方がないことだと思う」と。

あれほど公務、公務と欠かさずあちこち出席されるのに、原爆の日の八月六日、八月九日の平和祈念式典だけは天皇・皇后は、その子孫も一度も出席されませんが、なぜなのでしょう。これでも日本国民は怒りませんか？　これでも日本国民は天皇を崇拝しますか？

まだ復興もなされず、国民が衣・食・住に不自由し、餓死者で東京をはじめ日本人が飢えて死んでいるときに、黒こげの死体の山の処理に追われているときに、戦地で数え切れぬ若者の死体がむくろとなって放置されているときに、アメリカなどへのこのこと行けるものでしょうか？　靖国神社にもA級戦犯がまつられているからと参拝にも行かない、原爆投下の地を昭和天皇が訪れられたのは何十年も経ってからわずか一回だそうですね。

原爆投下を、「気の毒だと思うが、戦争中のことでもあり仕方がないと思う」というこの天皇の言葉を、あなたはどう思いますか。わたくしは正直に言うと、怒りに震えました。天皇家は偽善的側面、怠慢、国民へのとどまることを知らぬ甘えをお持ちなのではないか。

秋篠宮殿下におかれましては、なまずの研究と共に、最近はニワトリの研究を始められたとのことでございます。次期天皇になられます皇太子殿下は世界水フォーラム、水研究の名誉総裁であられるため、やはり海外へ行かれます。今上天皇・皇后は皇太子夫妻の時代から、五十数ヶ国も海外へお出かけになっておられます。現皇太子妃・雅子様は記者会見で、厳しいお顔で「海外へ行けないことがつらい」と国民に訴えられたといいます。これほど海外へ行きたがる王家は、日本国天皇家だけだと思います。

愛子様は自分の飼っておられます猫に、「人間さん」というお名前をつけられ、皇太子ご夫妻はにこにこと満足そうにその猫をご一緒に可愛がっておられるそうです。

ということは、猫が人間なのでしょうか。それとも人間が猫なのでしょうか。紙面を借りて私的なことを書くことをどうぞお許しくださいませ。口で言ってもとても信じてはもらえませんので、この本を読んでもらうことでもう一度訴えてみたいと思います。

霊なる神様も、「最後の警告だ！　書きなさい」とおっしゃられますので。

## 私の叔母上様への伝言

数年前わたくしが申し上げましたことは、わたくしの意志ではございません。

――「あなたは遠くにいて私のことを見てもいないのに、どうしてそれがわかるの？」

霊なる神様が教えてくださいます。あのとき十数名が総出で家中のタンスの引き出しひとつひとつまでひっ繰り返して家捜ししても出てこなかった物を、あの大切な物を、わたくしはあの家に初めて行ったというのに、あの広大な家の中から五分も経たず、それを見つけ出しました。そこは皆で探したところなのに、と思われるでしょうか。初めて行く、まったく勝手のわからない家で、わたくしはほんの数分でそれを見つけ出しました。

厳密に言いますと、その日初めて行った広大な家の中で、どこにも行かず、すぐにそれのある場所の前に立ち、一つ目の引き出しを開け、二つ目の引き出しを開けると、もうそれがそこにあったのです。一分かそこらでしょう。皆目を丸くし、驚き、よかったよかった、と安堵し、皆それで終わってしまいました。

どうか悟りというものを身につけてください。そういう奇蹟のような出来事を見ても、悟らないのが一般のほとんどの人々の習性です。奇蹟を見ても悟らない。不思議を見ても悟らない。悟りのないところに真理は見出せません。真の真理を見出さない限り、霊なる神を見出すことはできません。

霊なる神を見出さない者は、再臨のイエス・キリストと霊なる神の怒りで火に焼かれて消滅します。「私を認識する者以外、私はもういらない」と言われ、もうすぐ起こる霊なる神の、イエス・キリストの起こす大審判によって、火で焼かれ消されます。そのときになって助けを求めても遅すぎます。あのとき申し上げたことは、霊なる神からの叔母上様に対する警告です。

「あなたは身内が滅びてもよいのか、あの一族をこの私が焼き払ってもよいのか、あなたの叔母も三人の息子、娘もその孫のすべてを、私が焼き払ってもよいのか。叔母上様、小さい頃からその愛と慈悲でわたくしを包み込むようにして育ててくださり、わたくしの正直さや素直さやまっすぐな心を昔と変わらず今も認めてくださってはおりますが、神様のことについて言う私の言葉を、あなたは信じてはおられません。聖母マリアであるあなたです。教えられた通り、わたくしはあなたに伝えました。イエスが再臨した今、あなたも顕れておられるのです」

かつて神々と呼ばれた者たちでさえ、堕ちていくときです。どうか私の言うことを信じてください。これは私が言っていることではなく、神様が「伝えなさい！　言いなさい！」と言うことです。何も言いたくないわたくしと霊なる神様との押し問答の末、ものすごい意を決して私はあなたにそうするようにと神様が言われておりますので、そうしてください、と言いました。

神様に関することについてはあなたは聞いてはおられますが、決して信じてはおられませんｍ。私を信じておられないのですから、霊なる神様を信じられるわけがありません。どれほど信じたような顔をされても、信じたようなことを言われようとも、叔母上様、わたくしは人間をすぐに見抜いてしまいます。今まで人間を研究し、観察することを仕事としてまいりましたから。相手は気づいていなくても、私には何もかもすべてが見えてしまいます。

口で言ってもあなたは私を信じられません。今も信じてはおられません。良い子、良い子と思ってくださっていることはわかりますが、霊なる神様のことについては受けつけられません。聖母マリア様、私の叔母上様、あなたはあなたの三人の子供たちと孫たちと共に地獄へと堕ちて往かれ、火で焼かれて消え去られるのでしょうか。あなたの一族もろとも。

エレミアの言葉です。「主は真理の神、命の神、永遠を支配する王。その怒りに大地は震え、その憤《いきどお》りに諸国の民は耐ええない。天と地を造らなかった神々は、地の上、天の下から滅び去る」

かつて神々と呼ばれた者たちでさえ堕ちて往く時代です、と私はあなたに申しました。エレミアの言う主とは、私の言う霊なる神です。どうかこの私を信じてください。霊なる私の神は言われます。「死んでそれを成したとて何になる。今すぐやるのだ！　時がせまっている今、死んでからそれをしようとして何になる。死んでからではもう遅い！　今すぐやるのだ！　今すぐにだ！　死ぬ前にやるのだ！　死んでどうしてそれをやれるのだ！　死人に何ができる‼　今すぐにやりなさい！　私が待っている今このときに、この少しの間にそれをやるのだ、今すぐに‼」

叔母上様、どうかあなたの三人の子供たちを集め、私がいつか語ったことを彼らに伝え、生きておられる今、今すぐにそれを実行に移してください。あなたが信じられないために、霊なる神様のお声がせっぱつまっております。火で焼かれるか、新しい天と地へ往くか、今はこの二つに一つの道しかありません。

私の本はすべてお読みになっております。三人のいとこたちも。この本をお読みになりましたら、三人のいとこたちを集め、今すぐにそれを実行してください。死んでからでは遅すぎます。

「あなたが拾う者は私も拾い、あなたが捨てる者は私も捨てる」と霊なる神は言われます。もし叔母上様が私を信じてくださらないならば、私はあなたもあなたの三人の子供も、その孫たちもすべて捨てる覚悟です。

私の叔母上様と三人のいとこたちへ。

## 日本国イスラエルの民は偶像崇拝をやめないでしょう

「神様助けて！　神様助けて！」と言い続けている人を、わたくしは最近二人見ました。エジプトの観光地でバルーンが空中で燃え出し、燃えながら空からバルーンがゆっくりと落ちてくるのを地上から見ながら、エジプト人の男性が、両手を組み、「神様助けて！　神様助けて！」と言葉に出しながら、その人は祈り続けていました。

燃えながら落ちてくるバルーンでも、日本人を含む二十名近くが亡くなったそうでありますが、落ちて燃え尽きたバルーンにも日本人を含む死者にも、不謹慎とは思いますが、わたくしはまったく興味がありません。死者の数はもう毎日数え切れぬほどで、テロで死亡する死者の数、日本で毎日殺される死者の数、最近では八ツ墓村のような事件が起きました。人を殺してポイポイ海や山に捨てるなど、海や山はゴミ捨て場ではありません。アラブの春で犠牲になった死者の数、今も残虐に容赦なく殺し続けているシリアのバッシャール、アサド一族、私の知っている時点で九千人を殺した、と言っておりましたから今はもっと増えています。

九・一一で死んだ数千の人たち、世界の巨大地震と巨大津波で死んだ数十万の人たち、アメリカの巨大ハリケーンや巨大竜巻で死んだ人たち、東日本大震災で死んだ人の数、仮設住宅での一年半の間に自殺した人約八十名。阪神・淡路大震災の死者――。もう私の頭には死者の数は入りきらず、身体が死者の数など覚えようともしません。もう死者の数に私は興味などありません。ただ霊なる神の言われることだけしか私の頭には入りきらないからです。「死人が増え出したら、終わりが近づいたことを悟りなさい」。もはや増えすぎるほど増えております。地上の人間の死者の数が。

人間の大人の男が「神様助けて！　神様助けて！」と言葉に出して神様に助けを求めるこの姿に、大の大人の男が「神様助けて！」と子供のようにあなたに助けを求める姿に、わたくしは涙しました。何と可愛い、純粋で素直な無垢な人でありましょう。

わたくしはその人の胸のあたりまでしかないとは思いますが、飛んで行ってその人を抱きたいと思いました。反対に「どこからか小さな者が来た」と思ったその人の方が、私を抱くかもしれませんが、行ってその人の涙をふき、反対にふかれるかもしれませんが、互いにひしと抱くか抱かれるかの姿で「大丈夫、大丈夫、もう泣かないで！ あなたは死んで後神様が必ず新しい天と地へ連れていかれるから、もう心配しないで、泣かないで」と言うと思います。そのような場には決してマッチしてはおらず、その人にとっては意味不明のことを言うことになるのかもしれませんが、それでも今すぐにでもその人のところへ飛んで行きたい衝動にかられました。

日本国イスラエル人よ！ どこを探せば一体このような人がいるのか。かたくなな、頑固、頑迷、ごう慢で愚かなイスラエル国の日本人よ。「神様助けて！」と素直に神に助けを求められる人間が一体どこにいるでしょう。どこを探せばそんな者がいるのでしょう。かたくなで、頑固で、神を信じもしない、「神」という言葉を出すだけで顔をそむけ、変人扱いをし、宗教団体の者と決めつけ、「神」という言葉をあなたたちは忌み嫌う。かたくなな、頑固、頑迷の日本国イスラエル人よ！

火に投げ入れられるその寸前まで、あなたたちが神の名を呼ぶことはない。そのごう慢ゆえ、なぜ自分たちがこのような目にあわねばならぬのか、とあなたは思うだろう。何も悪いことなどしていない自分たちが、なぜこんな目にあわされるのか、と、神に救いを求めるどころか、神を呪い、神に悪態をつき、神をののしり、神に唾を吐きかけ、神に罵詈《ばり》雑言を浴びせ、神をうらみ、呪いつつ、その醜悪きわまる顔で火に投げ込まれても、死んでもあなたたちは改心などせぬ。

日本国イスラエルの民は、その頑固、頑迷、石のようなかたくなな性質のため、死んでも神の名を呼ばず、世々のはじめからイスラエルの民は偶像を礼拝し、どれほど正しき者が顕れ、正しきことを説いても聞く耳は持たず、偶像を拝することを決してやめないでしょう。どこに私の語る正しき霊なる神についての話に耳傾ける者がいるか！　どこを探せばいいのか。イスラエル国日本に、アウシュビッツよりさらに厳しい天罰を与える、と霊なる神は言われる。

「上の者から愚民まで、皆覚悟せよ！　アウシュビッツよりさらに恐ろしい天罰が下ることを日本国民は皆覚悟せよ！　一気に火で焼き払われる方がまだましだ。その前に、このイスラエル国日本国民すべてに、しかも世界の中で一番最初にこの日本国とそこに住むイスラエル人である日本人に、アウシュビッツ以上の苦しみを味わわせる」と主なる神、霊なる神は私に言われるのだ。あらゆることをあざ笑っている者よ、預言者を、預言者をあざ笑っておる者たちよ、あなたたちの滅びの日は近い。あなたたちよりこのエジプトのイスラムの、神に救いを求めるこの男の方を霊なる神は愛され、慈しみをもって新しい天と地へと連れて行かれるだろう。わらのように日本国イスラエル人は焼き払われ、二度と地上を見ることはないでしょう。

チュニジアのベンアリ一族が、海外へと逃亡《とうぼう》した。国民に追われ何も持たず命からがら逃亡したため、私服を肥やしに肥やしたその金銀財宝は天にも届くほど。エジプトのムバラクは病気を理由に退陣し、入院中。リビアのカダフィ一族は最後まで抵抗し、生きていたが、国民により暴行を受けた後射殺。

バーレーンのハリファ王家へと、ハマド国王の退陣を国民が要求。リビアのカダフィも、バーレーンのハリファ王族とハマド国王も、自国の国民を容赦なく射殺、弾圧。アラビアのサウジ軍が、これら虐殺者、弾圧者を駆除するために、国民と共に立ち上がる。今現在も続いているのがシリアのバッシャール・アル・アサドとそのアサド一族。シリアだけで九千人をアサドが射殺。中東でのこれら国民の死亡者が十万人以上。

アサド一族の殺し方は次のようだという。子供の指を切り落とし、殴る蹴るの暴行の後、目玉をくり抜き、射殺。その辺に遺体を捨てるか、見せしめのため、目玉をくり抜かれ、手足を折られた見るも無残な、家族には耐えがたい子供と大人の遺体を、遺族のもとに送りつける。

兵士ではない一般人の子供から大人まで、殺された数は半年前で九千人で、今もまだ増え続けている。政府軍に捕まり、両手を後ろで縛られ、数人の兵士に蹴られ、頭がい骨が割れるほど頭を蹴られ、身体の上に大人の兵士が乗り飛びはね、代わる代わる兵士に殴られ続けるその男の人が苦痛に耐えながら、いや男の大人でも耐え切れぬ拷問に、大勢の子供がどうやって耐えるのか。腕も脚も折られ曲がってしまい、小さな指は切り取られ（一本一本彼らは子供の指をハサミで切り落としていくという）、最後は射殺、目をおおう苦痛、耐えがたい苦痛の拷問を加えた後、彼らは射殺する。その拷問を受けていた男性が、あまりの苦痛に耐えかね、「神様助けてください！神様助けてください！」と言っていた。

私も涙を流しながら、「神様助けてください！　神様助けてください！　どうか彼を解放してやってください、涙なくしては見られません！　どうか今すぐ彼を解放してください！」と祈ってみたが、彼はその場でさんざん暴行を加えられた後、射殺され、動かなくなった。「神様助けてください！　神様助けてください！」何と悲しい響きだろう。この彼の「神様助けてください！」と言う声が、今も私の目と耳にこびりついて離れない。今もこの彼を思い出し、涙する。

人間とは何と残酷で、どれほど悲しい存在であるか。「神様助けてください！　神様助けてください！」あの声が今も私の耳から離れない。

## かつて長崎の雲仙で、激しいキリスト信者の迫害が行われた

この項目は『沈黙』（遠藤周作、新潮文庫）に触発されて書きました。ところどころ実際の事実が交じっていますことをお断りしておきます。

〝パードレ（ポルトガル語です）、パードレ、パードレ、神父様、わしらは踏絵ば踏まさるるとです。足ばかけんやったら、わしらだけじゃなく、村の者達みんながおんなじ取り調べば受けんならんとです。パードレ、神父様、わしらは一体どげんしたらよかとでしょうか〟捕まるのが恐ろしく、どこかへ逃げ姿をくらましていたキチジローが、様子を見るために戻ってきて、パードレに言いました。

かつて長崎の雲仙で、激しいキリスト信者の迫害が行われ、雲仙地獄のあの恐ろしい熱湯をかけられたり、牢に入れられたり、キリストの踏絵を踏まされたり、二十名近くの信者が役人に抵抗し、団結して立ち向かいましたが、皆その場で一人残らず殺

されてしまいました。キリスト教の棄教を迫ったのです。一五八七年以来、豊臣秀吉がキリスト教を根絶やしにするため、キリスト信者にありとあらゆる拷問を加え、ころぶことを、つまり棄教を迫ったのです。

まず長崎の西坂というところで二十六人の司祭と信徒たちが磔刑《たっけい》、つまり火あぶりの刑で殺され、今でもこの場所には二十六人の聖人の記念碑があります。あらゆる地方で次々に切支丹が家を追われ、あらゆるむごい拷問を加えられ、虐殺されていきました。雲仙の地獄岳とはそれはもうその名の通りの所で、グラグラ、グラグラと熱湯が湧き上がっています。

ちょっと不謹慎でありますが、今ではそこは温泉地獄岳と呼ばれ、網《あみ》の袋に玉子をいっぱい入れ、それがずらーっと並び、ゆで玉子を売っているのです。あっという間にゆで玉子になり、そこの名物で、ずらーっとあちこち玉子を温泉につけている光景が広がり、いかにもおいしそうだったので私もそこでゆで玉子を食べました。おいしかったです。不謹慎なことを言ってすみません。

この雲仙での迫害のとき、ガブリエル神父は踏絵をつきつけられたとき、〝それを踏むよりこの足を切った方がましだ!〟と言われました。いったん逃げ出して姿をくらましていたキチジローが、悲しそうに〝わしらはどげんすればよかとでしょうか〟と言ったとき、セバスチャン・ロドリゴ神父は、このガブリエル神父が決して踏絵を踏まず〝それよりはこの足を切った方がましだ!〟と言った言葉を思い出していました。

そのときはもう日本に三十三年間いて、管区長という最高重職にあり、司祭と信徒を統率していた長老のフェレイラ・クリストヴァン教父が長崎で〝穴吊り〟の拷問を受け、棄教し、ころんだことがローマ教皇長にまで知らされ、ローマ教会には大きな衝撃が走っていました。のちにフェレイラ神父は仏教徒となられます。いかにその拷問の激しさがすごいものであったかがわかります。

これは徳川家康将軍のときまで続き、一六一四年、すべての日本の切支丹を撲滅し、すべての聖職者を海外へと追放するという、関白・豊臣秀吉のやり方を踏襲《とうしゅう》しました。長崎でのあのひどい迫害を知り、ガブリエル神父の言葉が頭をよぎりはしましたが、もはやこれまで、とロドリゴ神父は覚悟したのだとわたくしは思います。〝踏んでもいい、踏んでもいい〟とロドリゴ神父はキチジローに言いました。わたくしもロドリゴ神父といっしょになって、〝踏め！　踏め！　踏むのだ！　踏んでもいい、キチジロー、踏むんだ!!〟と心の中でキチジローに叫びました。

ロドリゴ神父の言葉と、わたくしの心の叫びが届いたのか、キチジローは思いっきり踏絵を踏みつけました。思いきりやらないと形だけやっていて、あとで必ずまた戻る、と疑われるのです。キチジローはそれで命が助かりましたが、モキチとイチゾウは踏絵を踏んだのですが、唾を吐け！　と言われ、唾がなかなか出てこず、二人がもたもたする姿を見て、意を決したかのように踏絵の上に唾を吐く姿を見て、役人は二人を許しませんでした。モキチとイチゾウは長崎の町をさらし者として引き回され、水磔《すいたく》に処せられました。

十字に組んだ木にくくりつけられ、二人は海の中につき立てられました。夜が来て潮が満ち、二人はあごのあたりまで沈みました。あくる日潮が引き、二人の姿が見えましたが、二人共動きません。雨と寒さで動く力はもう失われていたことでしょう。また潮が満ち、二人はあごのあたりまで海水に沈みました。あくる日潮が引いたとき、オマツさんとオマツさんの姪が来て、「二人に食べ物をやっていいか」と役人に聞くと、役人が「やってもいい」と言ったので、二人は小舟に乗り、二人の所へ行きました。

〝モキチよ、モキチよ〟とオマツさんが呼ぶと〝はい〟とモキチは返事をしたそうです。今度は〝イチゾウ、イチゾウ〟と声をかけましたが、年を取ったイチゾウはもう何も答えられなかったそうです。イチゾウがまだ死んでいないことは、ときどき首をかすかに動かすので、わかったそうですが、二人が息絶えるのに三日かかったそうです。身も心も疲れ果て、寒さと海水につかり、二人が力つき死ぬまでに三日かかったそうです。

キチジローと、モキチとイチゾウと、数え切れぬ日本の切支丹たち、日本に来た、フランシスコ・ザビエル以来、日本へやってきたおびただしい数の布教師たち、そして何よりも〝キリストとマリアの聖画〟を〝踏んでもよい、ころんでもよい〟と言ったセバスチャン・ロドリゴ神父の悲痛な叫び。どれほどの恐ろしい拷問よりも、さらに恐ろしい苦悩と苦痛は、霊なる神よ、主よ、それはあなたの〝沈黙〟だったそうであります。

## 練習中のウグイスが毎年やってくる

この季節になると毎年必ずウグイスがやってきます。まだ三月一日で寒いのに、今年は早く来たな、と思いました。きのうも朝早く来ました。「ホーホケキョ」と立派に鳴ける鳥は家には決して来ません。そんなウグイスは一度も来たことがありません。練習中の鳥が来るのです。

「ねえ、聞いててよ、ちゃんと聞いててよ、やってみるから。ホ、ホ、ホケキョ、ケキョ、ケ、ケ、ケ、ケキョ、ケキョ、ケキョ、ケーケキョ、ケーキキョ、ホ、ホ、ホ、ホ」この辺りから私はふとんにまだ入ったまま「クックックックックッ」と笑い出します。毎朝これで目が覚め、オンチのウグイスの練習にひとしきり笑います。練習中とはいえ、ひどいオンチだし、リズムも何もあったものではないのです。

声自体は素晴らしくいい声をしているのですが、「ホ、ホ、ホ、ホ」ばかり言ってみたり、「ケキョケキョ」をいつまでもやっていたり、「ホーケキョ」になったときには私は爆笑します。音程が合っていないのです。もう何と申しましょう。この音程はずれのウグイスが、それから毎日やってきます。欠かさず毎日来るのです。私を笑わせるために。完全に音程がはずれているのです。

山にでも登らなければ、音程はずれのウグイスの声など聞けないと思います。オンチと言いましたが、今はまだ単なるヘタクソで、聞くに堪えないのですが、それでも毎日毎日来て、「ねえ、ちゃんと聞いててよ、やってみるから眠らずに、笑わずに、ちゃんと聞いててよ」と言われたら、とても眠るどころではありません。

おかしくておかしくて、笑わずにはいられません。毎朝毎朝私に笑われながらも練習を繰り返し、最後には見事にすばらしい声で歌ってくれます。何回やっても一度も失敗なし、というところまで完成させ、実に最後は見事です。聞きほれてしまいます。なぜかわかりませんが、毎年不思議に思うのですが、立派に歌えるようになるともう来ません。練習中のウグイスが毎年毎年、今頃の季節になると必ずやってきます。

明日も来るでしょうが、完成には程遠く、声張り上げて自慢そうに音程はずれの声でひとしきり歌っていくでしょう。

## Sさんと×さんへ

Sさん。申し訳ありませんが、私はあなたが嫌いです。あなたはお坊さんです。頭をまるめて、法衣を着て、袈裟《けさ》を身につけて仏門に入られた今では立派なお坊さんです。「坊主憎けりゃ袈裟まで憎し」と言いますが、私は袈裟どころではない。あなたの存在そのものが不愉快に感じています。

あなたは二十年ぐらい前、「天国は退屈だから、私は地獄へ往きたい、地獄の方がいろいろと刺激があって楽しそうでしょう?」と、これを法話の中でも一度言いました。ステーキが大好物で、朝からでもステーキが食べたいとも。八十五、六歳の頃、ゲイバーへよく行かれたそうで、酔っぱらって家の入り口で寝込んでしまい、朝気がつくと血が出ていたため、「私はどこか病気なんだ! この血はどこから出ているんだ!」とびっくり仰天されたそうです。

お手伝いの人に見つかるまいと血のついた法衣を隠し、急いでベッドに寝て何事もなかったようにしていたけれど、懸命にお経を読み「仏様にお詫びをしましたのよ。もう二度とゲイバーには行きません」とおっしゃったそうです。その後も行かれているのか行かれていないのか知りませんが、そんなことをしていていいのでしょうか。愚かな人を論破することは不可能です。愚かな人を論破することは、霊なる神様にも仏様にもイエス・キリストにも不可能です。

愚か者は死んでも治りません。治療不可能です。あなたは愚か者だと思ってしまうのです。これが一般の人間なら私は何も言いません。もう一般の人間に何を言っても無駄なことを知り尽くしているからです。お正月の週刊誌の特集記事の第一面にあなたのデカイ写真入りで、対談記事が載っていましたね。その中で、この人は愚か者だということを思い知り、もう怒りを通り越し、あきれ果てたことを告白させてください。

××歳になった今でさえ、この対談の中で「私は天国は退屈でしょうがない。地獄の方がいろいろと楽しい刺激がいっぱいあるので、私は地獄へ往きたいと思っているんですよ」（大意）とおっしゃっていました。もう二十年前からこの言葉を聞かされており、今度で三度目です。あなたはお坊さんですよ。「お坊さんが地獄へ往きたい、私は地獄へ往きたい」と、××歳にもなるお坊さんが、全国の人が読む週刊誌のトップ記事の中で、デカイ顔写真まで載っているのに、しかもお正月の新春対談の中で「私は地獄の方が楽しそうだから、地獄へ往きたいと思っているんですよ」などとおっしゃる。

ステーキの話ばっかりされたときも見苦しい、と思いましたが、もうあなたは救いようのない人だと思ってしまいました。天国がどんなところかも、地獄がどんなところかもあなたは一切わかってはおられないのではないか。愚か者で、もはや救いようのない人間だと思ってしまいました。人間の姿をしていても、坊さんのかっこうはしていても、あなたの魂はもうすでに地獄へと落ちているのかもしれません。

あなたは墓を売っておられますが、「私と一緒のお墓に入れますよ、まだあいていますよ、私と一緒のお墓に入ることができますよ」と言って、まだ売れ残っているお墓を、自分と同じ場所に建つお墓を、盛んに勧めておられますね。しかし地獄へ往くことを目指しておられるあなたにまとわりつく人間など、すべて地獄往きかもしれません。自分で往きたいと言われるのですから、真からそう願っておられるのですから、神様にも仏様にも止めようがありません。

いくら何でもどんな人間でも、自分から「地獄へ往きたい！　地獄へ往きたい！」とだだっ子のようにわめき散らす人間はそうそういないでしょう。殺人者でさえ、地獄へ往くだろうことはわかっているけれど、「神様、仏様、願わくはわたしは天国へ往きとうございます」と、死刑の間際にはそう願うのではないでしょうか。公共の場で、テレビや法話の場やありとあらゆる場所で、あなたは「お釈迦さん、お釈迦さん、お釈迦さん」とお釈迦様の名前を振りかざして語られますが、天皇から何とか賞をもらわれたからでしょうか。

皇后・美智子様、愛子様、雅子様、皇太子様と、必ず様をつけて呼ばれます。お釈迦さんよりこの人たちの方が魂が上なのでしょうか。あなたのように日本国中に聖者の名前を振りまくときは、私なら「お釈迦様、イエス・キリスト」と呼びます。キリスト教信者は「イエス様」と呼びます。あなたのように日本国中の公共の場で、聖者を「お釈迦さん、お釈迦さん」と言うのは、あなたがいかに愚かかを露呈することに他ならないと失礼ながら個人的には思っております。

昔、あなたが高名な著述家であり、有名人であり、高名なお坊さんであるため、教師たちが是非あなたに子供たちにすばらしいご講話をしてほしい、と計画し、生徒たちが広い体育館に集められていました。先生方も生徒たちも、今か今かとあなたの、日本に名高い高僧のお出ましを皆で待っておりました。私もあなたがどんなすばらしい話をされるのかとじっと待っておりました。

うやうやしく体育館の扉が先生の手によって開かれ、法衣を着たあなたが入ってきました。まだ正面に着く手前で、子供たちに向かってあなたが発せられた言葉は、「あなたたち、セックスはどうしているの?」でした。先生も生徒も皆驚き、仰天し、いっせいに下を向いてしまいました。その下を向いている子供たち一人一人に、性こりもなく「あなたはセックスはどうしているの?」と生徒をかき分けたずねて回っていました。うつむいたまま、誰一人それに答える者はいませんでした。そんな発言はいかがかと思うのです。

つい最近の極めつけはこうです。法話の中で、大勢の人々が集まった法話の席で、あなたはこう言いました。「最後はお釈迦さんは下痢が止まらなくなり、血便が止まらなくなり、今でいう腸のガンですね。お釈迦さんは腸のガンを患い最後は亡くなりました」と。私は深いため息をつきました。あなたは仏教のお坊さんです。私はただの一般の凡人です。お釈迦様はチュンダという信者の家で食事を供養されたとき、自分だけに添えられた栴檀樹《せんだんじゅ》という珍しいきのこを食べられ、すぐに「チュンダよ、このきのこの残りはすぐに地中に埋めなさい、ほかの比丘《びく》たちに出してはいけません」

それを食べられたためにお釈迦様は激しい腹痛と、それはもう死ぬかと思うほどの激しい腹痛と、ほとばしるような血便に苦しみ、それでも「阿難よ、チュンダは自分の供養した食事が私の生命を縮めたと思い、どんなに後悔していることだろう。そなたは行ってこう告げなさい。チュンダよ、決して後悔することはない、私が成道《じょうどう》する直前に（断食の修行で悟りを得たすぐ後のこと）スジャーターという娘が乳がゆを供養してくれたが、いま私が入滅（死亡）しようとする際に供養した最後の食事は、それと同じように大きな功徳があるのです。スジャーターの供養のおかげで私は無上等正覚《しょうがく》（仏の悟り）を得ることができたが、チュンダの供養によって無余涅槃界《むよねはん》（肉体さえも残さない完全な平安の世界、つまり天国）に入ることができる。この上ない大きな功徳を積んだことになる。そう私が言ったとチュンダに伝え、チュンダを安心させてくれ」。

お釈迦様は腸のガンで死んだのではない。今私が言ったような事情で亡くなったのです。「お釈迦さんは今で言うガンですね、ガンの病気で亡くなりました」とはどういうことでしょう。

もう一つ私はあなたに言いたいことがあります。イエス・キリストの日本再臨同様、誰も信じないだろうと思い、私はこれを言ったり書いたりしたことは一度もありません。著名な古典の現代語訳をあなたがやったことを知って、身ぶるいして私は前の三冊の本の中に、どこに入れたか忘れたけれど、編集のとき、この人だけには触られたくない、とチラッと一行入れました。

著名な古典は実はこの私が書いたものです。霊なる神があの宇宙の星々のすべてを覚えておられるように、自分が書いた物、自分が創った物は何百年経とうが何千年経とうが、自分のものは必ず自分のものとわかります。霊なる神が自分の創造である宇宙の惑星のそのすべてを数え、知っておられるように。その著名な古典はこの私が千年前に書いたものです。ペラペラペラペラとあちこちで、著名な古典の内容を得意気にあなたは語っておられますが、あなたと同じように誰もあの本の真実を知る者はいない。

節操のない、あのような女たらしの男の話を誰が読んで喜ぶでしょうか。あれを読んで、内容に感動する者などただの一人もいないと思うのですが、どうでしょうか。あれは文学などではなく、ただの大衆小説だと思います。

あなたが内容をペラペラペラペラしゃべっても何の意味もなく、感動もないのです。その著名な古典は、一人の節操を欠いたただの女たらしの男の物語です。内容にはまったく意味がないのです。私などはむしろ毛嫌いしてしまうような内容です。あなたを含めて読む者が誰一人気付いていないことですが、それは、あの本に、あの内容に無意識に引きつけられるものがあるとするならば、それはその克明さです。

千年経った今でもその世界が目の前に繰り広げられているような、当時のその生活が、今自分の目の前に繰り広げられているような錯覚を与えるその克明な描写ゆえ、千年経っても読む人は読む。確かに内容はまったくつまらない話なのに、千年前の生活の有り様が描写され、今現在でも目の前にはっきりとそれを見ているかのような錯覚に陥ります。克明な書き方は、人間を観察、研究しつくした者だからこそ生まれたものでしょう。

あのつまらない本の何かが人を引きつけるとするならば、その克明さ、人間観察、そして人間研究、それ以外の何ものでもありません。作者は、主人公に恋こがれ、どうすることもできないほどに恋こがれ、ままならぬその恋心を、片鱗も知られないようにしつつ、あくまでも冷静に、一人の男をじっと見つめていました。本当はあれは、作者の主人公へのままならぬ恋心を、こがれるほどの愛を、彼の一挙手一投足を見つめ、書くことによって自らをなぐさめた、作者のかなわぬ恋の物語です。

こんなことを言っては失礼ですが、あなたにはベタベタとあの古典にさわられたくなかった。あなたにはさわったり、いじくり回したりしてほしくなかった。二度とあの古典の話はしないでほしいとさえ思う。

×さん。あなたは気持ちが悪い。こんなことを言っては申し訳ありませんが、気持ち悪すぎて私はムシズが走っています。

二十六年前、あなたは自分の言われたことを覚えていますか。あなたはこう言いました。「死はまさしくナッシングであり、それはたとえて言えば掌《てのひら》の上にのったひと握りの灰にすぎない。死は見事に平等で、ナッシングである。霊界があるなど私は信じない。天界と霊界に通じる道があるなどと考えるのは、生きている人のフィクションに過ぎない」と。

まず諸行無常の言葉の意味をまったく理解しておられないのではないか。自分が理解していないことを、言ったり書いたりしないことだと思います。その意味を知っている人が聞いたらもうそれだけで、「この人馬鹿」と思われ尊敬されません。知らないこと、わからないことは言ったり書いたりしてはいけません。知ったかぶりは最低ではないでしょうか。

二十六年が経ち、あなたも××歳になられましたが、今現在もまったく同じことを言っておられる。「私は霊界の存在など信じてはいない」と語っておられました。そんなことはもうどうでもよいのです。最近四十数社の媒体が、自分の小説の連載を勝手に無断で打ち切ってしまった、と怒り狂い、告訴するかどうかはこれから様子を見て考える、と言っておられましたが、もうここに言うことも書くことも気持ち悪い。あまりの気持ち悪さに四十社近くの媒体が無断で一斉に打ち切ったのではないかとさえ思ってしまいます。

「不能になった男が、それでも女を喜ばせることができるその方法」を書くとは、失礼を承知でいえば、私にとってはあなたは気持ち悪いエロじじいです。「川端康成でさえこんなすごいことは書かなかった。私の自慢の自信作なのに、はじめから過激な内容になりますよ、と言って、それを承諾しておきながら、勝手に自分に無断で一斉に私の連載小説を打ち切った」と怒っておられました。

日本の偉大な文豪、「川端康成翁」の名前を出し「川端康成でさえ書かなかった私の文芸作品、私の今までの中でも一番の自信作」と言ったことに私は怒っています。エロじじいが、川端康成翁を持ち出すなど、分を知らず、恥を知らない行為ではないでしょうか。

超有名作家の頭はこの程度のものなのでしょうか。人間は自分の築いた成功がまた自らを腐らせ、堕落させ、自ら破滅へと導かされることがあるとさえ感じてしまいます。皆さん気をつけましょう。

もう一つ、これは最近知ったのですが、村上春樹氏の『色彩を持たない多崎つくると、彼の巡礼の年』（文藝春秋）をあるエッセイストの方が読まれたそうですが、「〜みたく」という言い方が二ヶ所出てくるそうです。例えば、「霧が晴れたみたく、すべてがクリアになる」という風に。「霧が晴れたみたいに」、あるいは「霧が晴れたように」だったら何の違和感もないのだけれど、「みたく」だと何だか子供じみた舌足らずの感じがしてしまう。そう思うのは私だけなのだろうか、と書いておられました。

文豪が「何々みたく」という言葉を使わないことだけは確かだと思います。適菜収氏の本の中に、ベストセラー本がずらーっと書かれていて、「これらは日頃本を読まない人が買うからベストセラーになる。日頃本を読んでいる人は、これらには見向きもしない」と書かれており、「なるほど」と思っておりましたら、今年の村上氏の新作刊行で日本中大騒動のとき、山のように積まれた村上氏の本を前に、東京の有名書店の店員のお姉さんが「日頃本を読まれない方もお買い求めになるのですよ」と言ったのを聞いて「本当だった」と思いました。「読まないで、本棚に飾っておく」と言っていた若い男性がいて、田舎に住む私は、世の中一体どうなっているのだろうと思いました。

森元総理がこのことロシアへ行き、「あのー、北方領土を返してもらえませんか」と言ったそうです。第二次大戦のとき、日ソ不可侵条約を結び、お互いにあなたの国には決して攻め込みませんと固い約束をしていたのに、それを破り、ロシアは日本に攻め込み、北方領土を奪いました。アメリカが日本を奪うなら、自分たちは日本の北方領土を奪う、という理屈でこうなったのです。

アメリカは最初、日本国土全部を自分たちのものにする計画でした。天皇家の奴隷であり続けた日本国の歴史の中で、未だ奴隷であり続ける日本国民の天皇崇拝のもののすごさに圧倒されたのでしょう。権力の中枢で、政治を司り続けてきた天皇家の歴史において、未だその奴隷根性、洗脳が抜け切れないのが日本国民です。

戦後まもない頃まで「ただの象徴天皇ではいやだ！　天皇は絶対の権力者、政治を司るお方、あくまでも自分たちの神でなければいやだ」と考えていた国民は、ただの象徴としての天皇の存在を激しくいやがりました。そのようにしつけられ、そのように国民を奴隷としてきた代々天皇家の呪縛と洗脳が未だ解けず、呪縛と洗脳はやっかいなことに、そうおいそれと簡単には取れません。ましてやこの長い千数百年に及ぶ呪縛と洗脳が国民に取り去れるはずがありません。今このときでさえ、天皇家の呪縛と洗脳に、その頭が侵されている国民がほとんどです。そう簡単には取れません。

そういう国民の姿を見たアメリカは、沖縄を自分たちのものにしようとしました。アメリカとロシアの日本争奪戦なのです、本当は。今からこれが本格的に始まります。中国・北朝鮮がきっかけではありません。アメリカとロシアです。

その日本全滅、世界全滅のきっかけ、鍵を握っているのはアメリカとロシアです。そしてこの二国の鍵を握っているのがこの日本国なのです。最近、日本が包囲されてきた感じがします。『神からの伝言』（文芸社）に、「同盟も仲良しこよしもない。世界中の軍隊が日本に攻め込んでくる」と書きました。スピードの速さに目がくらみそうです。

のこのことアメリカまで行って「アイ・アム・バック」（私は帰ってきました）と今の首相は言いましたが、いや首相、うれしそうに笑っている場合ではありません。先日は、IOC国際オリンピック委員会の人々を前にして英語で何か言った後、突然「より速く〜〜、より高く〜〜、より強く〜〜」と大声で歌い出し、うれしそうに笑っていましたので、私も首相と一緒に大声で笑ってしまいました。

強奪されたものを、七十年も経ってからのこのこ行って、「返してもらえません？」と言ったたって返してもらえるわけがないではありませんか。森さんはどうかしています。アメリカもロシアも、日本国のさらなる強奪を目ざしています。日本国の政治家は皆愚かです。愚か者が政治をやっています。真面目なテレビ番組で、十人ぐらいのゲストの中の一人が「政治家の中に、拉致問題を解決するな！　と言っている勢力がある」と話していましたが、本当でしょうか。

２０１１年、国会で「菅やめろ!!」とすごい怒号が飛び交っていたので、「菅さんを引きずり下ろして何になる」と書きました。２０１２年、ウォール街から始まったデモがアメリカ中に広まり、デモ隊でアメリカ中が埋め尽くされている最中、G20から帰ってきた野田さん（前首相）が「拉致被害者の救出をアメリカをはじめ、世界各国に要請してきました」と言ったので「野田首相のバカ」と書きました。

２０１３年、安倍さん（現首相）は、日本の哀れな原発を前に、汚染水漏れ、電源故障、汚染水を海に捨てる・捨てないと言っている最中に（２０１３年7月、東電が地下水から高濃度の汚染水が海に漏れていることをやっと白状しました。実際にはこの二年、ずっと漏れっぱなしなのです）、「世界一安全な原発」と言って、トルコにひとまず四基、そのうちまた四基、計八基、サウジに十六基、売り込んできましたが、バカの上に嘘つき、無責任という言葉をつけたくなります。そんなことをするから、インドから四十基売ってくれとまで言ってきたりするのです。

アメリカが二基廃炉にするそうで、製造元の三菱重工に莫大な損害賠償請求が来ているそうです。インドも何かあったら製造元が保障する制度だそうで、アメリカ二基の廃炉でこんなことになるなら、一体どうなってしまうのでしょう。安倍現首相は、悪いけれどバカで嘘つきで無責任男、どうしようもない首相です。考えただけで私は目がくらみます。

なのにこの首相の支持率は現時点で60パーセント。高すぎると思います。政治家の末路がどうなるかについては、『神からの伝言』に書きました。結果を見てからみんな文句を言ってください。結果も見ないで文句を言うものではありません。

## 日本国民のほとんどが、怒れる霊の神によって裁かれ、火に投げ入れられる

私の前の三冊の本を読んで怒りまくって手紙をよこした人がいました。だから「結果を見てから怒ってください」と言っているのです。結果も見ないで怒りまくるなど、おかしなことではありませんか。テストを受けて、まだその結果も見ないのに、「こんな点数をつけやがって」と怒るのと同じで、これおかしくありませんか？「会いたい。会いたい。会って目を見て話がしたい」と手紙に書いてあり、電話番号が書いてあったので、電話をしたのですが、電話でも「会いたい」と言うので、「こうして

話をしているのだから、それでいいではありませんか」と言ったのです。「こんなことを書いて、笑ってしまう」とその人は言っていました。フン、とほんとにその人は鼻で笑い、私の急所をついたつもりなのでしょう。これを言えば私がたじろぐだろうと必死に考えたと思える言葉を投げつけてきました。不意をつかれ驚きはしましたが、そんなことでたじろぐ私ではありません。人間相手にたじろぐことは私はありません。霊なる神以外のことでは私は決してたじろぎません。

それにしてもこの人、電話でも会いたい会いたい、を繰り返すので、「大分と久留米、遠いではありませんか」と言うと、即座に「私が行きます!!」と言いましたが、文句を言いに来たいのでしょうか、私の目を見ながら。信じられません。

私の前の本を読んで、「内容が軽い」と笑った人もいました。私は重すぎるほど重い、と思っておりますが、この人には軽いものに思えたようです。このような極端な人も大勢いますが、読んでも信じない人がほとんどです。何しろ偶像崇拝者ばかりで霊なる神が見えず、信じず、盲人集団なのですから、日本人は。

もうほとんどの人間が地獄の火の釜で焼き払われることでしょう。頑固でかたくなでごう慢で、政治家も国民も金の話しかしません。もう政治家の金の話にはうんざりです。

何度も何度も繰り返し前著の中で言ってきましたが、もう新しい天と地へ往くか、ですが、そうするには肉体を持ったまま往くことはできません。一旦死なねばそこへは往けません。

もう霊界は火で焼き払われ、霊界は消え失せ、新しい天と地へ往く以外、もう往くところはありません。今笑っている者も、信じない者も、頑固頑迷、かたくなな者も、人間の姿はしていても霊なる神にとってはもうそれはゴミ、クズなのです。

汚いもの、いらないものは人間だって焼き払います。霊なる神にとって、自分を信じない者、皇室崇拝者、宗教団体入信者、自分が地上におろした預言者たちをあざ笑い、せせら笑っている者は、気の遠くなるほど待たれた、人間の悔い改めを、改心を待たれた霊なる神にとって、人間の姿をしていても、それはもう汚れた魂の者たち、クズ、ゴミなのです。日本人のほとんどがクズ、ゴミとして焼き払われることでしょう。もう十分に神は待たれたのです。「もう待たないぞ、これが人間に対する私の最後の愛だ」そう霊なる神は言われます。

私は断言します。日本人のほとんどすべての者が、ゴミのように、クズとなって、霊なる神の火の釜に投げ入れられ、わらと同じように焼かれ、消滅する、と。私は今、そう断言します。日本国民のほとんどが、怒れる霊の神、怒れるイエス・キリストによって裁かれ、火に投げ入れられて消え失せる、と断言します。ほんの少数の者だけが、霊なる神によって新しい天と地へと引き上げられます。

霊なる神とイエス・キリストの命によって天使たちがおりてきて、霊なる神とイエス・キリストに愛された者たちを、迷わぬように連れて行くためにおりてきます。厳選された者たちは、肉体は滅びても決して死んではおらず、輝くような美しい霊体となり、すべての者が皆兄弟となり、争いを知らず、妬《ねた》みを知らず、うらやむことを知らず、嘘をつくことを知らず、卑屈とごう慢を知らず、偽善を知らず、冷酷さを持たず、ただ無垢な魂だけを持って、肉体を去ります。それと同時に、彼らは光り輝く霊体となって、ある者は天使に連れられ、ある者は直接霊なる神が示され、光の子となって、光り輝くあの水晶で創られた水晶世界へ、美しく輝くあの水晶世界へ往く、と、私は断言します。

日本国民のほとんどがそこへは往かず、往けず、今待ちかまえておられる霊なる神と、イエス・キリストによって、ゴミのように焼き払われると断言します。もう十分すぎるほどの時、霊なる神は人間の改心を待たれ、おびただしい自分のしもべ、み使いたちを人間のために絶えることなく地上におろされ続けました。

水も空気も野の草も花々も、海の魚もこの土地も、神は無料で人間に与え続けてこられました。霊なる神が人間に、空気代をよこせ、土地代を払え、水代をよこせ、海の魚の魚代を払えと一度でも言われたことがありましたか。地球に住まわせてやる代わりに、人間たちよ、その土地代を私に払え、と一度でも言われたでしょうか。空気なくしては人間も万物も生きられないのに、神が空気代を請求されたことが一度でもあったでしょうか。

人間に何もかも与えっぱなしの、無償の愛の神です。私たち人間は甘えすぎてきました。この霊なる神にあまりにも甘えすぎ、ごう慢になり、神となりたがって地獄へと落ちたルシファーのしもべと成り下がりました。ルシファーの偽の神に惑わされ、神となりたがったルシファーのしもべとなり、そのごう慢をもルシファーに習いました。

ごう慢なルシファーに全人類は従い、ひれ伏し、真似し、盲目となり、愚民となり、真の霊なる神を見失いました。霊なる神は生かす神であり、ルシファーは殺す神です。そのルシファーに従った人類は殺し合うことを決して止めず、飽くことなく殺りくを繰り返してきました。

今も虐殺が続いています。人間が悟るように起こされる天罰も、上から下まで二年も経てば忘れ果てます。あの日本に下された怒りの神の天罰から、まだ二年しか経っていないのです。放射能は未だに垂れ流し、天皇家は自分の家のごたごたをいちいち国民に訴え、東日本大震災から一年しか経たぬころ、女性宮家創設を急ぎ要求する、と政府に訴えたそうです。

オリンピックはローマ帝国末期に行われた、国民を愚民にし喜ばせるための競技です。ローマ帝国末期には、奴隷同士をコロシアムでどちらかが死ぬまで戦わせ、それを観客が拍手喝采して総立ちで喜ぶようなことをしていました。愚かな国民はその

「競技開催を日本で!!」と切望しています。しかし、オリンピックはギリシャで始まり、ギリシャで終わったのです。あとは天罰が下るのみ。

放射能は今も海に垂れ流し続け、箱根の山も富士山も爆発寸前だというのに、今度巨大地震が来たらもう日本沈没だというのに、被災者はまだ救われず、放射能の被曝におびえている者が大勢いるというのに、福島だけで家に帰れない者が五万人もいるというのに、仮設住宅でわずか一年半の間に自殺者が約八十名もいるというのに、仮設住宅で五十代の若い人たちが次々と孤独死しているというのに……。

真夜中の二時という時間帯に、誰にも知られぬようにこっそりと、という感じで、日本赤十字社が、「日本赤十字社からの義援金のお願い」とテレビで言い、振込先まで言っているが、なぜ夜中の二時にこれを放送するのでしょうか。二年経った今も義援金が必要なら昼間に言えばよいのではないでしょうか。日本全国民が聞くように、日本全国民に伝わるように、昼間に言えばよいのに、なぜ夜中の二時に毎夜、「日本赤十字社からの義援金のお願い」と言って振込先を言うのでしょうか。まさかテレビだから詐欺ではあるまい。詐欺と見まごうように、いつも夜中の二時、三時にこれを放送します。もしかしたら詐欺なのかもしれないと思ってしまいます。
　まさか世界中から集まった、日本全国から集まった日本赤十字に寄せられた莫大な義援金が、足りないわけがないのではないか。この日本赤十字社の二年経った今も義援金のお願いは一体何なのでしょうか。もうどこも誰も義援金のお願いを言う者も、放送するところもない。それなのに、隠れたように今も義援金を求める日本赤十字社とは、どんな団体なのでしょうか。まさか、どこかの詐欺集団が国民をだまし、義援金の名のもとに、金をだまし取ろうとしているのではないですよね。
　私はもうダマされないゾ。世界中から、日本全国からもう日本赤十字社には莫大な義援金が寄せられているはずだから。この点についてはつい最近わかりました。「現在も、1日平均で約3500万円の義援金が、日本赤十字社に集まっています」（日赤の広報担当者）［筆者注・、一日平均3500万円です］
　これを受け、今年（2013年）3月末で終了する予定だった大震災の義援金の受付期間を平成26年（2014年）3月末までに延長している。日赤・中央共同募金、その他4団体合わせた義援金の総額は3649億円（2013年2月末時点）。

それでもまだ一日平均３５００万円が集まってきているので、義援金のお願いを、２０１３年３月までのところを、翌年の３月まで延ばしたとのこと（参考・『女性セブン』２０１３年５月９・16日号）。

ＮＰＯ日本ファンドレイジング協会事務局長の徳永洋子さんという方が、「公共性のあるものは、説明責任や情報開示を果たすことが義務。寄付する前に、自分のお金がどう使われるのか確認すべきです」と言っておられますが、自分の寄付したお金がどう使われるか知ることは、とても一般の人間には無理と私は思います。義援金を受け取った方がはっきりと何に使ったかを国民に知らせるべきだと思います。本当に誠意ある所なら、そうすると思います。

国は一体何ですか!!　枝野さんが作業服から背広に着替え、「今までの義援金は県市町村に渡していたが、これからは国が管理する」と言ったとき、「私は今度は国を疑っている」と前著に書きました。案の定ではありませんか。バカ政治家どもが！

日赤への義援金は、夜中にわざわざ放送しなくても仮設住宅がなくなるまで義援金は送られ続けると思います。どうか、誠意ある行動を!!

## ＴＰＰには、決して参加してはいけない

国民の父、と呼ばれたアブラハムの願いさえ霊なる神は聞き入れられず、汚れた町、淫行の町と、そこに住む汚れた人間の魂を、汚れ切った人間のあまりの汚さ、けがらわしさ、おぞましさに、もはや人間の姿をしたゴミ、焼き払うべき汚れた人間のゴミ、クズと見なされ、容赦なくソドムとゴモラの町を徹底的に焼き払われました。そのときのあまりの恐怖が人々の脳裏に焼きつけられ、今日までそのソドムとゴモラの悲劇が語り継がれているのです。

私たちは悟らねばなりません。そこここに神の啓示が示されていることを。阪神淡路大震災、スマトラ沖の大地震、あの巨大な津波。雲仙普賢岳のあの大噴火、霧島新燃岳の大噴火、マグニチュード９・０の東日本大震災のあの巨大地震と人間もろとも海へと流され、家も建物もすべてを波に持っていかれ、何もかも跡形もなくすべてが消え去ったあの恐怖からまだ二年しか経っていません。原子炉が爆発し、高濃度放射

能汚染水を、国民の誰にも知られぬよう未だに海に捨て続けている電力会社と政府。私たちが悟らないから、どんどん神の啓示が激しく恐ろしいものになってくるのです。人間が悟らないから。小さな啓示がどんどん激しく恐ろしいものとなるのです。人間が悟らぬせいで。

悟りのない人間はもはやクズです。「覚悟しなさい」と言ってもどうせ笑っているだろうけれど、悟りのない人間はもう霊なる神にとってはクズ、ゴミでしかない。皆覚悟せよ！　クズ、ゴミとなった人間たち、皆覚悟せよ！

安倍首相、あなたは破滅の瀬戸際にある日本国と世界の行く末の鍵を握っている。アメリカが日本に迫るＴＰＰには、決して参加してはいけません。（筆者注・２０１３年７月23日、マレーシアにおいて、日本国政府は自らライオンの檻《おり》の中へ飛び込んでいきました。まだどこも噛まれてもいないのに、すばやく人間や動物の急所である首根っこを差し出し、「噛むなり、いたぶるなり、殺すなり自由にしてください」と自分の首を差し出しました。日本には最初から保秘契約が課せられているため、日本人は誰一人、これを知る権利がありません。ＴＰＰ担当大臣が「言えない、言えない」と笑っていられるのは今のうちだけです。政治家も内容を何もわかっていません。これから政治家がＴＰＰについて何か言っても、それは全部嘘です。彼ら自身がわからない内容ですから……。

死に至る病を三つ抱《かか》えると、人間は確実に死にます。いまだ止まらぬ、これからも放出し続ける空と海への放射能。ＴＰＰ日本国加盟。再び日本国を火の海と化す、天皇家の存在。これで三つ揃いました。もはや何をか言わんやです）。もしＴＰＰに参加したらそこからまず日本が滅び、バビロンの王が日本に攻め込み、それをきっかけに、世界中の軍隊が日本に押し寄せ、攻め込んでくる。あなたは日本国滅亡の、世界の滅亡に至るその鍵を今握っているのです。瀬戸際です。日本沈没の、世界に火の海にされる瀬戸際です（もはや後の祭りとなりました。危険水域を越えました）。

馬鹿を論破することはできません。馬鹿を論破するのは不可能です。霊なる神にもイエス・キリストにもそれはできません。

私たちは、人間が自らやることと、自ら自滅することと、霊なる神やイエス・キリストがなされることとを区別する目を持たねばなりません。人間が勝手にやることと、霊なる神と今再臨したイエス・キリストの行うこととを区別する目を持たねばなりません。それには常日頃から悟りの習慣を身につけておかねば、その区別はつきません。馬鹿にはその区別さえつきません（日本国政府は馬鹿です）。

私が何を言ってももう無駄でしょう。「もう駄目です。手遅れです。危険水域を超えました」適菜収さんもそうおっしゃっています。わたくしもそう思います。「もう駄目です。手遅れです」と。

イエスはこう警告しています。

「洪水の前、ノアが箱舟に入るその日まで、人々は飲み、食い、めとり、とつぎなどし、洪水が来てすべてを亡ぼすまで何も知らなかった。主人が盗人《ぬすびと》の来る時間を知っていれば、警戒し、住居《すまい》の壁に穴をあけさせはすまい。思わぬときに来る人の子のために、用意をしていなさい」（マタイ24章より）

東日本大震災の日のことを思い出してください。霊なる神とイエス・キリストが計画を変更されることは決してありません。

正しき人、霊なる神が地上におろされた人、霊なる神の使者イザヤの言葉です。

「地に住む者よ、恐怖と穴と罠《わな》がお前に臨《のぞ》む。恐怖の知らせを逃れた者は、穴に落ち込み、穴から這い上がった者は、罠に捕らえられる。天の水門は開かれ、地の基《もとい》は震《ふる》え動く。
地は裂《さ》け、甚《はなは》だしく裂《さ》け
地は砕《くだ》け、甚だしく砕《くだ》け
地は揺《ゆ》れ、甚だしく揺《ゆ》れる
地は、酔《よ》いどれのようによろめき
見張り小屋のようにゆらゆらと動かされる。地の罪は、地の上に重く倒れて、二度と起き上がることはない」（イザヤ24章より）
「これこそ、全世界に対して定められた計画、すべての国に伸《の》ばされた御手《みて》の業《わざ》である。
万軍《ばんぐん》の主が定められれば、誰がそれをとどめえよう。
その御手《みて》が伸《の》ばされれば、誰が引き戻《もど》しえよう」（イザヤ14章より）
イザヤ様、イザヤ様。まことにあなたのおおせの通りでございます。主の御手を、一体誰が止めることができましょう。主の、霊なる神の計画を、一体誰が止めることができましょう。わたくしは、震えおののいております。

天の水門はまだ半分しか開かれてはおりませんが、そのうちに、全部開かれる時が来るでありましょう。主は、ノアのときより激しい水で、私は地上を覆《おお》う、と言っておられますので。イザヤ様、イザヤ様、わたくしは恐れ、震え、おののいております。

# 私たちはテロリストです

「みなさーん、核はいりませんか――。核ですよ、核ですよ、お安くしておきますよ、世界中のみなさ～ん、核はいりませんか、簡単には手に入らない代物《しろもの》ですよ――ほかのところから買うよりずっとお安いですよ。

プルトニウム型とウラン型の二種類がありますが、どちらもたくさん取りそろえてありますからお好きな方でいいんですよ。製造方法のわからないお国の方は、こちらでサービスでお教えしますから、何も心配なさることはありませんよ。

皆さん、核です、核です、どこででも手に入るものではありませんよ。私たちがたくさん持っています。パキスタンの方々、核は足りていますか、インドの方々はどうですか、イスラエルの方大丈夫ですか。北朝鮮の方たち、もう三個も使われたからなくなってしまったんじゃありませんか、今からウランを掘って造るの大変ですよ。ここに核がありますからこれ使いませんか。

オウムの皆さんが旧ソ連で手に入れようとしましたが、なかなか難しくて手に入れられなかったから、アレフの皆さんどうですか。今は私たちから簡単に手に入れることができますよ。え？　私たちですか。そりゃあ、テロリストに決まっているではありませんか、私たちはテロリストです。

日本の皆さんもそろそろ核弾頭を持たれたらいかがですか、今は昔よりずっとコンパクトに製造できますよ。製造の仕方は私たちが教えてさしあげますよ。サービスでね。

地球上に二万三千個は少なすぎると思いませんか。この広い地球上に、たったの二万三千個ですよ。地球上の人口に比べ、だんぜん少なすぎます。もっと製造し、増やす必要がありますね。日本の皆さん、考えてくださいね。

私たちはテロリストです。決してあやしい者ではありません。ただし、ただし、先に私たちは言っておきますよ。核兵器の父、カーン博士は当初から、これがアメリカに落ちる可能性は皆無ではない。核兵器の父、カーン博士ですよ、これがアメリカに落ちる可能性はないとは言えない、と言われていますが、アメリカの皆さん心配しないでください。

あなたの国はもう私たちから買ったり製造の仕方を教わる必要などなく、世界の中で一番多く持っていらっしゃるのですから。そんなところに落ちてくるわけがありません。そんな勇気のある者はおりません。

ただし私たちテロリストの中には、死ぬことをジハード（聖戦）と言って喜んで死ぬ者が大勢います。聖戦で死んだら、アメリカをやっつけて死んだら天国へ往けると、私たちは思っていますし、そんな者は世の中にうじゃうじゃおります。

あなたの国アメリカにもごまんといます。何も心配なさることはありません。カーン博士は自分が核の発見者なのに、私たちを少々おどすようなことを言われております。これは私の発見物だから、私の許可なく勝手に使うことを禁ず、というようなことを言っています。誰でも自分の特許をいじられると怒るのと同じことです。

皆が勝手にそうしないように、『我は死なり、世界の破壊ものなり』と言われましたが、特許者と同じくただのおどしです。何も心配いりません。さあさあ核はいりませんか、世界中の皆さん、核は足りてますか。私たちはテロリストですよ、決してあやしい者ではありませんよ」

少々わたくしが脚色いたしましたが、これは某局で放映されたドキュメンタリーの中身です。核がもうテロリストの手に渡った、と番組では言っていました。それを欲しがる国が、これらテロリストからどんどん今核を買っている、と。

この地球上に弥勒《みろく》の世が訪れて、すばらしい地上天国が出現すると言い続け、書き続けてきた有名作家のNさん。あれほどぶれまくる本を私はかつて読んだことがありません。ぶれない、と言うのが物を書く上での基礎です。あいうえおの基礎も身につけず、あきれるほどのぶれまくりの本を次々に出版し、出版社の人たちから「先生、先生」と呼ばれ、作家気取りでいい気になっているそこのあなた、Nさん。

もうあなたは何も書けないでしょう。あなたはこの地球上に、すばらしい地上天国が出現する、必ず弥勒の世が来る、と言い続け、書き続けてきたのですから。もしあなたがこれから何かを書くなら、それは人から盗んだものです。今まで自分が言い続けてきたことを、ぶれまくりながら書いてきたことを、今からひるがえすならば、あなたはドロボーです。人の考えを単に盗んで書くドロボー作家です。もうあなたには物を書く資格はない。おやめなさい。今まで世をたぶらかしてきた害毒です。ウソつきはドロボーの始まりです。

高名な作家のあなた、そう、あなたのことです。Fさん。今までに三百冊以上の本を書いてきたといばっているあなた。あなたの本は前の本の丸写し。何一つ新しいことが書いてない、まったくの前に書いたものの丸写し。そんなことならしろうとの誰にでもできます、あなたでなくても。

何か目新しいことが書いてあるかと思えば自分のところへ持ち込まれてくるおびただしい人々の、その人たちの本の紹介。自分の名前で本を売る、あなたは商売根性まる出しの人です。自分の名前を利用して、有名人である自分の名前を利用して本を売る。汚くおぞましい商売根性がすけて見え、あなたの魂も身体も不潔で汚く見えます。年寄りが商売根性や知名度を利用して世をたぶらかしてはなりません。

「この地球がアセンションして、人間は進化して龍になる」これはある本の中の最後に書かれていたことです。もう一冊の本の最後には、この地球はアセンションして、魂が上昇して、人間は進化してそのとき神になる、と書かれていました。

　この地球がどうやってアセンションするのですか。意味不明なことを高名作家のこのお二人、支離滅裂なことを言わないでください。何事も具体的に語ることが大切です。最近の安倍首相を見てください。まったく具体性のない、抽象的なことばかり言うので、コメンテーターたちから「もっと具体的に！　もっと具体的に！」と言われ続けています。何事も具体的に語らなくっちゃ駄目です。

　人間が進化して、アセンションして、龍になったり、神になったり、と書くなんて、あなたたち二人は悪魔のしもべです。盲目の高名作家、悪魔のしもべの有名作家、嘘をつき、嘘を平気で書き、老人のくせに自らの名を利用して本を売ろうとする小汚い悪魔のしもべの作家たちです。これらを見抜けず、もてはやす愚民たち。あなたたちはクズ、ゴミとなりました。さようなら。

もう一言。『聞く力』という本がヒットしたからか、「生きる力」「愛する力」「別れる力」「気づく力」……まだありましたが忘れました。聞くことにも生きることにも愛することにも別れることや気づくことに「力」はいらないと思います。こんなことで力んでいたら疲れてしまいます。題名はその本の「顔」だと私は思っています。同じ顔がずらーっと並んでいるみたいで、正直気持ち悪い最近の現象です。

## 涙なくして、あなたは人間を滅ぼしたりなさらない

実は、メギドの丘について書かなければならないと思うと、私のペンは度々止まるのです。霊なる神様の言葉を伝える、前の三冊の本のときも、一言も聞き漏らすまい、正しく伝えられたことを間違いなく書かねばならぬ、と確かに緊張で顔は引きつっておりましたが、ペンが止まるなどということは決してなく、どれも一気に書き上げてきました。まったく何の苦労もなく。実に何の苦労もなく。

私は何も深く考えず、すぐに思いついた『メギドの丘』というタイトルを、この本につけました。

「ブンブンブン　ハチがとぶ　お池のまわりに　のばらがさいたよ　ブンブンブンハチがとぶ」と担当者のY氏に歌いながら電話をしたら「何ですか、それは」と言われ、「楽しくて楽しくて仕方がないんですよ、何か書くというときは私はこうなるんです。いつもは死んでますけどね。ブンブンブン　ハチがとぶ」と言うと、彼はあきれて笑っておりましたが。

私は何度も何度も途中からペンが止まり出したのです。あの忌まわしいメギドのことを書かねばならぬのか。あの血ぬられたメギドの丘のことを書かねばならぬのか。担当者のY氏も何かで調べておりましたが、この私自身もメギドの本当の意味をまったく理解してはいなかったのです。だから浮かれていたし、何かさわやかな響きだな、よし、これでいこう、と張り切って書き始めたのはよいのですが、だんだん途中からその意味がわかり始めたのです。

自分がつけた題名ではないこと。確かに自分がつけたと思っていたけれど、実は霊なる神様に、これで書きなさい、とこの題名をつけさせられていたこと。本当に私は何も気付いていなかったのです。メギドの丘の意味も、そしてこれが霊なる神様にとって、人類への本当の最後の警告の書となることも、もうこれから誰も警告者など顕れない、ということも。これが霊なる神にとって人類への最後の愛であるということも。

私はまったく何も知らず、何も気付かず、このタイトルさえ霊なる神によってつけさせられたのだ、ということなどまったく考えもせず、思いもつかず、てっきり自分でつけたのだと思っていたのです。ただ何か書けることがうれしくてうれしくて、楽しくて楽しくて、浮かれて歌っていたのです。

血塗られた場所、メギドの丘、忌まわしい場所メギドの丘、それが日本にあることを、そのメギドの丘の存在が、日本を二度と立ち上がれないまでにたたきつぶすことを、メギドの丘の存在が、再び日本を火の海にすることを、この国日本に、メギドの丘に世界中の軍隊が攻め寄せることを。

この日本にあるメギドの丘から、この日本から世界の滅亡が始まることを。私はこのところ、霊なる神が異常なスピードをもって事を成そうとされていることを感じていました（マレーシアでの日本国ＴＰＰ参加を知ったとき、ついに同時に事が起こり始めた、と思いました）。

　今までゆるやかに進んでいたことが急に速まり出した、と。トロイ、私のせいではなく、この私がついていけないほどにスピードが速まっていることを感じていました。「ブンブンブン　ハチがとぶ、などと歌っていないで、浮かれていないで、早く書きなさい。私は急いでおるのだ、もう時間がないのだ、早く急いで書きなさい」と言われ、書き始めたのですが、途中から気付き始め、私のペンは先に進まず、何度も何度も止まるのです。

　一体霊なる神はどれぐらい待たれるだろう、これが本になれば、一気に事が起こり始めるのではないか。異常なスピードの速さを感じていただけに、恐ろしくて、ペンが先に進まないのです。メギドの丘の存在が、忌まわしい血塗られたこの場所のことを書くのが。これからここの存在があるがために、何が起き、どうなるか、それを知っているがため、恐ろしくて、先に進めないのです。

担当者Y氏と語っていたあのさわやかなメギドの丘が、恐怖の丘になろうとは。主よ、主よ、霊なる神様、あなたのお姿が見えませんので、わたくしはてっきりあなたがどこかへ行ってしまわれたと思い、ここまで自分の好きなことを好きなように書き綴ってまいりました。

あなたは「わたしは一つのことを言えばよいのだ」と言っておられましたので、その一つのことをご自分でのちにお話しされるだろうと、わたくしはここまで自分の好きなように書き綴ってまいりました。あなたの存在をわたくしはもうすっかり忘れ果てておりました。お姿が見えないため、もうあなたの存在をすっかり忘れ果てておりました。

主よ、主よ、わたくしはどうしてもペンが先に進みませぬ。これ以上書くことが真に苦痛になってきております。これほどに書くことに苦痛を覚えたことはかつて一度もございません。重苦しい思いが、恐ろしい恐怖が、わたくしを取り巻いて、ペンが先に進みませぬ。

主よ、霊なる神様。わたくしは最近涙もろくなりました。年のせいでありましょうか。モキチとイチゾウが十字の木に縛られ、海の中につき立てられ、食べ物を食べさせようとして、オマツさんが小舟で二人に近づき「モキチよ、モキチよ」と声をかけると、モキチは「はい」と答えたそうです。

これを聞き、私は泣きました。年を取ったイチゾウはもう何も答えられず、まだイチゾウが生きていることは小さくかすかに首を振っていたことでわかったそうでございます。「寒かろう、苦しかろう、恐ろしかろう」私はイチゾウを思って泣きました。「踏め!! 踏め!! キチジロー踏むんだ!! 踏め!! キチジロー踏め!!」とロドリゴ神父より激しく叫んでおきながら、「踏んでもよい、踏んでもよい、ころんでもよい」そう言ったロドリゴ神父の気持ちを思い泣きました。こぶしで涙をふきながら泣きました。

沖縄戦のあのとき、震えながら一人でうずくまっていたあの男の子のことを思い出す度、泣けてきます。ソ連軍が攻め込んできたため、満州から日本人が逃げるとき、「お母ちゃん、ぼくもういい、疲れたからもういい」五歳ぐらいの男の子が、逃げるのに疲れ、海に自分を捨ててくれと母親に頼み、断崖絶壁の海へ飛び込み、しばらく浮いたり沈んだりしていた男の子が、海に完全に沈んでしまったとき、私は泣きました。

おいしい物を食べるとき、何かおいしいごちそうを食べる度、今でもその子のことを思い出し涙すると、今では年を取り、しわができた手でその子のことを語る人を見て、私は涙が止まりません。

満州の引き揚げ列車の身動き一つできないすし詰めの列車から、幼い女の子が用を足すため列車から降り、そのまま汽車が動き出し、走り出し、身動きできぬ列車の中で狂ったように泣き叫ぶ母親と、満州の広い高原に一人取り残された小さな女の子のことを思うと、今でも涙が止まりません。

戦地で死んで往った数え切れぬ若者たち。怖かろう、悲しかろう、ひもじかろう、苦しかろう。今でも私の涙は止まりません。東日本大震災で壊れた建物の柱に孫と二人で必死にしがみつき、首まで海水に浸《つ》かり、助ける者など誰もおらず、「最後まで希望を持って生き抜くんだよ」と孫に言い残し、自分は力尽きて海へと沈んでいったおばあさんのことを思うと涙が止まりません。

大の男が「神様助けて！　神様助けて！」とあなたに助けを求める姿を見ても涙し、死刑が執行されたと聞いては涙し、何も考えていないときでも、何もしていないときでも、モップで床を撫でているときでも、急に涙が溢れ出します。

霊なる神様、主よ、わたくしは今悟りました。あるべきところにある物が動くとき、降り止まぬ雨、人間を押し流す洪水、山のように地上を覆い尽くす海の水、荒れ狂う濁流《だくりゅう》となって人間をも飲み込みながら激しい恐ろしい勢いで流れるあの河の水。あれらはすべて霊なる神よ、主よ、あなたの流される涙である、と。

どれほど残酷に見えようとも、あの大洪水や人間を飲み込み、濁流となって流れる河も、たたきつけるように降り止まぬあの激しい雨も、山のように私たち人間の前に立ちはだかるあの恐怖の海の水も、霊なる神様、主よ、わたくしは悟りました。今、悟りました。あれらはすべてあなたの流される涙である、と。

火のように怒って、どれほど火で焼き尽くされようとも、あなたは涙なくしてはそれをなされない、と。動くはずのない水が動くとき、それがどれほど人間にとって恐怖であったとしても、人間の創造主である、天地の創造主である、万物の創り主である、星の数を、惑星のそのすべての数を数え知っておられるように、地球上のすべての人間の数を、さえずる鳥の一羽さえ見過ごすことなく見ておられ、海に泳ぐ魚の一匹さえ見過ごすことなく見ておられ、あなたが創造されたこれらのもの、あなたが創造された「人間」に対して流される涙である、と。神の涙である、と。

涙なくして、あなたは人間を滅ぼしたりはなさいません。怒りの火ですべてを焼き尽くし、天から降る雨、怒り狂うようなあなたの止《とど》まることのない地球を覆い尽くすほどのあなたの悲しみの涙がすべてを洗い流す。あなたの怒りの火と、あなたの流される悲しみの涙で、私たちは滅びます。あなたの悲しみで流される涙で、私たちは滅びます。やっとわたくしは今になってそのことを悟りました。火と水の洗礼の意味を、今頃になってやっと悟りました。怒りの火と神の涙……。

ペテロやペテロ、何をグダグダと言っておる。あの二人が待っておるぞ。急かしてはいかんと、ぐっと我慢して黙っておるが、内心、今か今かと待っておるぞ。何を今頃物思いにふけっておる。確かに私は泣いておる。しかし怒ってもおるぞ。この二人がいなかったら、そうだ担当者のYと編集者のTだ。この二人の存在がなかったら、あなたは今もまださまよい、本などでき上がってはおらん。

私の言葉などまだ世に出てはおらん。精《せい》も根も尽き果てていたあなたに、また書く意欲と活力を与えたのはこの二人だ。真から自分を理解し、自分の言うことを信じてくれるとあなたに思わせる者はこの二人以外にはおらぬ。激しい人間嫌いのあなたが誰に心を開こうか。誰一人にも心は開かぬ。

自分でもわかっておるだろう。この二人は真にあなたを理解しておる。何も語らぬが、真からあなたを理解し、損得抜きであなたを応援しておる。だから今まで死んでおったのに、この二人が顕れたから急に、「ルンルン　ハチが飛ぶ」と歌い出すような書く喜びを味わえたのだ。この二人抜きにはあなたの書く本は世には出ぬ。その前にもう放り出しただろう。

もう本当にあなたは精も根も尽き果てて、書く意欲など失っておったから。あなたたちは兄弟だ。多くを語る必要などなく、あなたたち三人は兄弟だ。あなたが泣けば二人も泣く。男だから涙は流さずとも心は痛む。あなたが笑えば二人も笑う。

あなたたちは兄弟だ。私が命の書に書き入れた兄弟だ。終わりまで互いの仕事にまい進しなさい。終わりのときまで与えられた仕事を耐え、やり抜くのだ。終わりまで耐え忍びなさい。あなたの孤独が癒《い》えるときが必ず来る。終わりまで耐え忍びなさい。ところでメギドの丘について書く前に、あなたの詩をみんなに読んでやってはどうだ？　そう、あの詩だ。あなたがいつも読みながら泣いている詩だ。自分の書いた詩を読みながら泣くんだから、読む度、必ず泣くのだから、あなたも変わった人間だ。実におもしろい人間だ。

自分で書いておきながら、それを読む度、泣くのだから。まあよい、みんなにそれを読んで聞かせなさい。

## たった一つだけ、読むに堪えうる詩

一八四四年三月十日。メッス市というところでわたしは生まれました。一八五一年、わたしが七歳のとき、フランス、パリへ一家で移り住みました。それからはずっとパリで過ごしましたが、パリにいた頃、わたしは詩を少し書いていました。いや、多量に書いてはおりますが、とても人様にお聞かせできるようなものはひとつもなく、もうそれはすべて駄作と言ってもよいひどいものばかりです。

あの当時はまだわたしの魂も未熟で、だからこんなつまらない詩ばかりを書いていたのだ、今ならもっと上手い詩が書ける、と思ってみたりもしますが、あの当時の自分と比べ、何ら変わってはいない自分にがく然といたします。

たった一つだけ、読むに堪えうる詩があります。ほんとにこれ一つだけです、読むに堪えうるのは。それも自分がたくさんの詩の中からこのたった一つを気に入っているだけで、世間の皆様方はどう思われるかわかりません。他はすべて駄作です。実に読むに堪えません。

わたしの名前は、ポル・マリ・ヴェルレーヌと言います。重ねて申し上げますが、聞くに堪えうるのは本当にこれ一つだけです。あとはすべて駄作です。

## 神さまが私に言った……

神さまが私に言った《わが子よ、私を愛さねばならぬ
おまえには見えている　つらぬかれた私のわきばらが
かがやいて血を流す私の心が　マドレーヌが涙で洗う
傷ついた私の足が　おまえの罪の重さを支えてくるしんでいる

私の腕が　私の両手が！　おまえには見えている　十字架が
釘《くぎ》が　また胆汁《たんじゅう》が　海綿《かいめん》が　そしてすべてがおまえに教える
肉の支配するこのくるしい地上にあっては
ただ私の肉と私の血　私の言葉と私の声のみを愛せよ　と

私は死にいたるまでおまえを愛しはしなかったか？
おお、《父》による兄弟よ　聖霊によるわが子よ
私は書《ふみ》に記《しる》されたるごとくくるしみを受けはしなかったか？

私はおまえのさいごのくるしみをしずかに泣きはしなかったか？
おまえの夜ごとの汗を　汗ばみ流しはしなかったか？
おお、私のいるところで私をさがしもとめている痛ましい友よ》

私はこたえた《主よ、あなたは私の魂を語りたもうた
私があなたをさがし　なお見つけていないのは真実です
しかしあなたを愛せよとは！　ごらんください、私の
いかに低きにおりますことか　その愛がいつも炎のようにたちのぼるあなた

あなた、あらゆる喉《のど》の渇《かわ》きに求められる平和の泉よ
ああ！　ごらんください　私のみじめなたたかいのかずかずを！
けがらわしくもはいずりまわって血を流したこの膝《ひざ》をつき
この私があなたの足跡を崇《あが》めまつるというのでしょうか？

しかし私は長いあいだまさぐってあなたをさがしもとめております
せめてみ影に私の恥辱をおおっていただきたいのです、しかし
おお、愛のたちのぼるあなた、あなたには影がありませぬ

おお　あなた　しずかな泉よ、己《おのれ》の断罪を愛するものにのみ
苦い泉よ、おお、あなた、ただ罪の重いくちづけに
瞼《まぶた》をとじるひとみをのぞき、あまねくかがやくすべての光よ！》

私を愛さなければならない！　私こそ普遍《ふへん》の《くちづけ》
私こそおまえの語るその瞼　私こそその唇《くちびる》だ
おお　したしい病人よ、おまえをゆさぶっているその熱は
それも私だ！　さあ、私を愛さなければならない

そう、私の愛は、山羊《やぎ》のようなおまえの哀れな愛が、よじのぼりえないところまで、

まっすぐに立ちのぼり
荒鷲《あらわし》が兎《うさぎ》をさらってとぶように、懐かしい空の迫って、水そそぐ、百里香《ひゃくりこう》の茂みの
方へおまえを運ぼう

おお　明るい私の夜！
おお　月光を浴びたおまえのひとみ！
おお　たそがれのあわいに　光と水のあの臥床《ふしど》！
この無邪気さ　そして　この憩《いこ》いの祭壇《さいだん》！

私を愛せ！
この二語が私の至高の言葉だ　なぜなら
おまえの全能の神ゆえに　私はのぞむことができるが
第一に私がのぞむのはおまえに私を愛させることができることのみ

――主よ　あんまりです！
真実私にはできません
だれを愛すると？　あなたを？
おお　いけません！　私はふるえます
おお　あなたを愛することはできません
私は望まないのです！
その価値がないのです　あなた
愛の清らかな風に咲く巨大な《バラ》よ　おお　あなた

すべての聖者らの心よ　おお
イスラエルのねたむものだったあなた
なかば開いた無邪気の花のうえのみに憩《いこ》う貞潔な蜜蜂《みつばち》よ
なんと　私があなたを愛しえますと？　狂っているのですか？

父よ　子よ　聖霊よ　この罪びとが　この卑劣なものが
このおごれるものが　つとめのごとくに悪をなし
嗅覚《きゅうかく》も　触覚も　味覚も　視覚も　聴覚も

すべての感覚のうち　全存在のうち――そして　ああ！
その希望　その悔恨《かいこん》のうちにすら　ただひとつ　古い
アダム一身の身を焦がす愛撫《あいぶ》の恍惚《こうこつ》をのみいだく私が？

私を愛さなければならない
私はおまえに《狂ったものたち》と呼ばれたもの
私こそその古い男を食う新しいアダム
おまえのローマ　おまえのパリ　おまえのスパルタ　おまえのソドム
恐ろしい罪の料理にかこまれて石をもて打たれる貧しいもの

私の愛は　心ないすべての肉を永劫《えいごう》に焼きつくし
たちのぼる香気のように散らし消す火
これこそは　かつて私のまいた悪の芽を
すべて波間にのみつくす　洪水

いつの日か　私の死ぬ十字架の立てられるため
そしてまた　善心のおそろしい奇蹟《きせき》によって
いつの日か　わななき従順なおまえを私のものとするため

愛せ　おまえの夜を出よ
愛せ　見捨てられたあわれな魂
これこそ永遠の私の思いだ　愛さねばならぬ
私をのみ　この地にとどまった私をのみ！

主よ　おそろしい　魂は私のなかでおののいています
わかります　あなたを愛さねばならぬと感じています　だが
どうやってそれをするのでしょうか？　おお　神さま
善良なものたちの徳が恐れる正義よ　私が　あなたの恋人が

そう　どうやってするのでしょうか？　なぜなら　いま
私の心が埋葬《まいそう》のため掘っていた天蓋《てんがい》がくずれて行くのです
私にむかって天空がみなぎり寄せるのを感じるのです

申し上げます　あなたから私まで　道はどんなでありましょう？
手をおのべください　私のこのうずくまる肉を
この病める精神をたたせることができますように！
いつか天の抱擁《ほうよう》を受けることがいったい可能でありましょうか

いったい可能でありましょうか？　いつかあなたの胸にいだかれ
かつて私たちのものであったあなたの心にもたれて
かの使徒が頭を安めたあの場所をもういちど見つけることが

たしかだ　わが子よ　それに価したいとのぞむなら
たしかにできる　ほら　ここにある　花咲いた百合《ゆり》に向かって
飛んで行く雀蜂《すずめばち》のように　私の教会の開かれた腕《うで》に向かって
おまえの心の定まらぬ無知を進ませよ

私の耳にちかづき　勇敢《ゆうかん》に　率直《そっちょく》に
辱《はずか》しめの言葉をそそぎこめ
倨傲《きょごう》のまたつくろいの一言もなく　すべてを語り
えらばれた悔悟《かいご》の花束を私にささげよ

そして虚心に素朴に私の食卓に寄れ
私はおいしい聖餐《せいさん》でおまえをことほぐだろう
そこには天使もただ侍《はべ》るだけだろう

おまえは不変の葡萄《ぶどう》の葡萄酒《ぶどうしゅ》を飲むだろう
その力　その甘さ　その善さにより
おまえの血は不死の世界に芽《め》ばえるだろう

さて　私がおまえの肉となり理性となる
この愛の秘蹟《ひせき》のうちに　つつましい信仰をまもり
とりわけ　ときしげく私の家にもどりきて
渇《かわ》きをいやす「葡萄酒《ぶどうしゅ》」にあずかり

それなくては人生も裏切りとなる《パン》にあずかり

わが父に祈り　わが母にこいねがえ
追われてこの地上にある日　叫びもたてずに
羊毛をあたえる小羊であることがゆるされますよう
麻布《あさぬの》と無邪気さをまとう子供であることがゆるされますよう
おまえのあわれな自己愛と本質を忘れることがゆるされますよう
そしてさいごに　わずかとも私に似ることがゆるされますよう

ヘロデやピラトやユダやペテロのあの日々のあいだ
苦しんで極悪の死を死ぬために
おまえとおなじであった私に似ることがゆるされますよう！

えも言えぬよろこびであるほどに甘美な
これらの義務におまえの示した熱誠にむくいるために
私は地上でおまえに味わわせよう　私の初物《はつもの》

心の平和を　貧しくあることへの愛を　そしてまた

精神がおだやかな希望にむかって開き
私の約束にしたがって聖杯をくむと信じているとき
敬虔《けいけん》な空に月のすべりゆくとき
バラ色のアンジェルスの鐘のなりわたるとき
私の光のなかへの昇天をまち
私の日ごろの慈愛へのかぎりないめざめをまち
永遠の私の頌讃《しょうさん》の音楽をまち

不断の恍惚を　知恵をまち　また　かつて私が愛し
ついに私のものとなったおまえの苦悩の愛すべき光芒《こうぼう》につつまれ
私のうちにあることをまち　神秘《しんぴ》な夕暮れを味わわせよう！

ああ　主よ　私に何がありましょう？　ああ　私は
異常な喜びの涙にくれてここにおります　あなたの声は
幸福であり不幸であるようなものを一時に私にくださるのです
そして不幸も幸福もすべてがおなじ魅力をもっているのです

私は笑います　私は泣きます　そしてこれは戦場に
武器をとれよと鳴り響くラッパの呼び声に似ています
戦場には大楯《おおだて》に乗った青や白やの天使らの姿が見え
このラッパは誇らかな警告のうちに私をつれ去るのです

私はえらばれていることの恍惚と恐怖を感じます
私は価せぬものです　しかしあなたの寛大さを知っております
ああ　なんという努力　ああ　なんという熱意！　そしていま

つつましい祈りにあふれております　はてしない心の迷いが
あなたの声の啓示したあの希望をみだしてはおりますけれど
私はおののいてこがれております……

——あわれな魂よ　それでよいのだ！

## 悪魔神についた民衆と人間は、悪魔の子となり、悪魔の神に似た者となることを望んだ

ダビデがイスラエルの王になる前のもっとずっと以前のことです。モーゼがエジプトの奴隷となっていたイスラエルの全国民を率いて、エジプトから脱出し、四十年の間イスラエル国民が広野をさまよい、この間さまざまな出来事がありました。途中でもう死んだ者も大勢いて、モーゼはシナイ山で十戒を授けられたり、モーゼが偉大な奇蹟を起こしたり、民が持っているすべての身の飾りの銅や鉄を溶かし偶像を作り、

偶像を拝み、踊り、騒ぎ、喜び、「エジプトにいたときは肉も魚も食べられた。こんなところで野たれ死にするぐらいならエジプトで奴隷のままでいる方がまだましだった」と不平不満を言う者がいたり、さまざまな試練に遭いながらも四十年の年をかけ、イスラエル人はカナン人の住む地、カナンへとたどり着きます。ここから人類の今日まで続く、大いなる悲劇が始まります。

霊なる神が人類へ一つだけ言いたかったこととは、「モーゼの神は悪魔だ」ということです。「モーゼの神は悪魔で、この私ではない」それが霊なる神の、最後に人類へ伝えたかったことなのです。「モーゼは悪魔にそそのかされ、悪魔のしもべとなり、悪魔の神に従った男だ」ということです。旧約に書かれたモーゼの神、主は、堕天使、ルシファー、悪魔の神となった、偉大な力を持った魔王、大魔神、悪魔の親分、ルシファーなのだ、ということです。

これだけは正しておかねばならない。世が終わるとき、モーゼの神、主はこの私ではなく、魔王となり魔神となった。まぎれもなく人間を堕落させ、殺し合わせ、虐殺を喜び、戦争を好み、人間を自分と同じ悪魔とさせることを目的とした、悪魔の神のしもべとすることを目指したのです。

この地球の全支配をもくろみ、人間を悪と堕落へと導くことをその目的としたのです。モーゼのいう神とは、主とは、このルシファーのことである、ということです。神のようにルシファーも奇蹟を起こす。この地球上を、地球上の人間を堕落の底へと落とし込み、争い、分裂、対立、虐殺、殺し合い、地上の人間を魔王、魔神のしもべとするために、人間を操り、地上の人間はそれに操られ、残忍、残虐を好むものに成り果てたのです。

正しい者を絶えることなく地上におろし続けても、人間はもはや悪魔の神に支配され、悪魔のしもべとなり、悪魔の神に自分たちを似せようとしたのです。ルシファー同様、人間自らが王となり、人間自らが神となり、悪魔神、魔王と人間はなりたがり、自ら王となり、自ら神となり、それは堕天使ルシファーのしもべであります。

魔王神となったルシファーの子たちです。私は捧げ物など一切要求しない、と霊なる神は言われます。旧約のあのモーゼの神のおぞましい捧げ物を人間たちに要求する者が、一体何者であるかを知るならば、実に身の毛のよだつあの捧げ物を自分に要求する主が一体何者であるかを考えるならば、正しき者はすぐに理解するでしょう。あまりのおぞましい捧げ物の要求に、正しい者はすぐに気付くでしょう。それが悪魔であることを。

正しき者は、モーゼの神が、「主よ、主よ」とモーゼが言うそのモーゼの神が、大魔王、悪魔神であることをすぐに見抜くでしょう。主が、この地上の人間をすべて我がしもべとし、操り、自分と似ることを望む大魔王、悪魔神であることをすぐに見抜くでしょう。

モーゼは正直な男でありました。嘘をつけず、神を信じ、何事にも熱心な、慈悲の心を持った男でありました。それゆえにやられてしまったのです。奴隷となっていたイスラエル人を救い出そうという慈悲の心を持っていたのです。それゆえに彼は悪魔にやられた。疑わぬ心が魔王、魔神を信じ込ませたのです。

一番操りやすい男はモーゼであったでしょう。敬けんに、正直に、これほど真剣に神を信じた男はいません。それゆえに魔王、魔神が一番に目をつけるにふさわしい男はいません。

モーゼは途中で気付いたが、もはやひるがえすことのできない、なすがまま、なされるがまま、疑問を感じながらも操られ続ける他、もはや道はなかったのです。気の毒な彼は後継者をヨシュアと定め、「カナンの地へと向け、民を引き行け」とヨシュアに命じ、自らは広野で一人朽ち果てました。今世モーゼは顕れたが、強烈な大魔王、大魔神からの呪縛は今世においても決して解けることはなく、魔王、魔神のしもべとして地獄へと堕ちて往きました。

モーゼから受ける私たちの教訓は、これは私たち人間にとって最も大切なことです。「生半可な善人は悪魔にやられる」「生半可な善人」「中途半端な善人」「自分を善人と思っている人間」……これらの人間は間違いなくモーゼの道をたどります。モーゼもパウロも、自他共に認める善人でした。悟る人は悟ってください。

善人であるモーゼでさえ、この呪縛から逃れることはできず、今世もまた彼は地獄へと堕ちて往きました。彼は地獄から来てまた地獄へと往く者であった。そう易々《やすやす》と人間が洗脳や呪縛から逃れることはできぬのです。それほど簡単なことではありません。「改心せよ、改心せよ」「悔い改めよ、悔い改めよ」といくら正しき者が叫ぼうとも、悪魔に操られ続け、悪魔に洗脳され続け、ましてそのしもべとなりたがり、それを崇めたがり、自ら神や王となりたがり、ごう慢な悪魔の子となりたがり、自らごう慢な人間であり続けたい人間どもを改心させるなど不可能です。

正しき者を正しき神が繰り返しいくら地上におろされたところで、もはやごう慢という悪魔の遺伝子を受け継ぎ続けた地上の人間にとって、もはや人間の姿をしたクズ・ゴミとなって焼き払われ、水で洗い流される他に道はありません。

神の怒りの激しさを今も語り継がれるソドムとゴモラの話は、アブラハムの時代のことです。今の神の計画は、人類絶滅です。これほど言っても人間は改心しないでしょう。

ともあれ、エジプトから脱出し、カナン人の住むカナンの土地へとたどり着いたイスラエル人たちによって、今日まで続くこの悲劇、悪魔の神に導かれエジプトから脱出したこのイスラエル人たちから、この地球上の悲劇が始まるのです。

日本はイスラエルである。かつてのユダヤ人である。『預言の書』にも書いたが、今からも書き、それを証明します。カナン人の住むカナンの土地へとたどり着いたイスラエルの民は、自分たちを快く受け入れようとしないカナンの人々の土地を奪い始めました。そこに住む人々を追い払い、自分たちが住む場所として確保するために、カナンをはじめ、そこら中の町々を荒らし、殺しました。

モーゼの後継者となったヨシュアの命令で、ヨシュアはもうこのときイスラエルの民の長に立ち、土地を奪い、人々を追い払い、離れようとせぬ者たちを容赦なく打ち殺すのです。荒らし、殺し、戦い、虐殺する者の長となり、イスラエル軍を率い、あらゆる土地の略奪と虐殺とに明け暮れました。これがモーゼの後継者、ヨシュアです。

彼は悪魔神ルシファーのしもべとなり、そのごう慢さと尊大さで悪魔神に似た者となるべく、悪魔神の崇拝者となり、悪魔に似た自分となりたがりました。殺し、血も涙もなく虐殺し、悪魔神となったヨシュアは、喜び勇み、イスラエル軍のトップに立ち、恐るべき虐殺を繰り広げながら、多くの土地、多くの領土をわがものとしていきました。

延々と今日まで人類は悪魔に操られ、神となりたがった人間や、王となりたがった人間の子孫として、目を覚ますことなく、喜んで悪魔のしもべとなり、悪魔に似た者となることを切に望みながら、今日まできたのです。

数々の王が現れ、地球上に数え切れぬ王が現れ、数々の神が現れ、偶像の神が現れ、愚民はそれを拝することで、喜びを得てきたのです。正しき者を送り続けても、彼らは耳を貸さず、エリア（洗者ヨハネ）の首を切り落として殺し、愚民は預言者エリアである洗者ヨハネの首を盆に載せ、喜び踊ったのです。牢に入れた預言者エリアである洗者ヨハネを牢から引きずり出し、その首をはね、盆に載せて喜び踊ったのです。

どれほど正しい神が、霊なる神が、天使である彼らを地上に送り、正しいことを人間に知らされようとも、悪魔神についた民衆と人間は、悪魔の子となり、悪魔に従い、悪魔の神に似た者となることを望んだのです。ごう慢と残忍。それは悪魔神ルシファーの最も好むものであり、この地上の人間すべてを自分の意のままに操り、我が子とすることを、悪魔の子とすることを目的としたのです。

旧約のはじめからそれは達成され、盲目の民となったイスラエル人、ユダヤ人は、神の子イエスでさえ、何の躊躇《ちゅうちょ》もなく十字架で殺し去りました。この日本にイエス・キリストが再臨すると同時に、そのときのイスラエル、ユダヤ人への天罰は、あのむごたらしい六百万人のユダヤ人虐殺、アウシュビッツでのユダヤ人虐殺となって、霊なる神の怒りとなって現れました。

むごたらしく殺したイエスよりさらにむごたらしく、ゴミのように、クズのようにユダヤ民族を根絶やしにする勢いで、霊なる神の天罰が下り、ゴミクズ同然に焼かれ、ゴミのように灰となり消えたのです。今日、今なお、かたくなで頑迷で頑固なイスラエル国民は、盲目の民イスラエル国民は、今でさえ自分たち国民が犯した罪を悟ってはいません。

自分たちのアウシュビッツでの被害者意識しか持ってはおらず、未だ盲目の民、イスラエル、ユダヤ人はそれがなぜ起きたかを悟ってはいないのです。今なお彼らの中にあるのは、ただただあのような目に遭ったという被害者意識だけである。皆、あのアウシュビッツの人間ゴミクズの姿が、我が身に降りかかる覚悟をしてください。「アウシュビッツ以上の苦しみをこの日本国民に与える」と霊なる神が言われるのですから。

さまざまな王たちが現れ、権威の象徴となり、権力の象徴となることを望み、悪魔神が望む、それと同じものを人間は望むのです。王となり、皇帝となり、法王となり、帝となり、虐殺、戦争、戦い、領土を奪い合い、より強く、より権力の強い座を目指して、それを得るためになりふりかまわず殺しまくるのです。虐殺しまくり、領土を、他国を、わがものとするため、飽くなき戦いを繰り広げてきたのです。権力の座、その地位を保つため、魔王に操られ魔神に操られ、悪魔の子となり、悪魔を崇拝する彼らは悪魔に似ることを切に望んだのです。

偶像を礼拝し、おぞましい捧げ物を絶えず悪魔の神に捧げ、あろうことか、人間までをも神へのいけにえとして捧げました。人間を殺し、神への捧げ物としてそれを捧げ、子供を神へのいけにえの捧げ物とし、断崖から突き落とし、いけにえとされた大人や子供のその恐怖を知らず、悪魔に魂を乗っ取られた人間たちのその民族――マヤ民族を日本国イスラエル人たちは崇めまつっているのです。その罪を知らず、彼らが悪魔神に魂を乗っ取られた民族であり、それゆえに滅びた民族であることも知らず、いや知った上で、その部族を崇拝する盲目の民、日本国イスラエル人。

ルシファーの目的は達せられ、長い長い歴史を王たちは戦いと虐殺の歴史を繰り広げ、飽くことなく繰り広げ、我々は今、虐殺者、略奪者であり、残忍・残虐の限りを尽くした、悪魔に魂を乗っ取られたモーゼの後継者、ヨシュア王、ヘロデ王、シザラ王、ヨシヤ王、サウル王、ダビデ王の子孫であります。

一般の者まで、王でもない一般の者まで、やれ「部屋に人間の足首が置いてあった」、やれ「人間がバラバラに切断され、ビニールに入れてあった」、やれ「子供が子供の首を切り落とし、校門の前に置いていた」、やれ「手と足だけが海に落ちていた。胴体と頭を捜さねば、コンクリートに詰められた人間が海に捨てられた」等と、もはや殺人は日常風景です。バラバラ切り刻み殺人などもはや日常で、誰でもよかった、と遊びで人を殺すのも日常です。旧約の時代から悪魔に魂を乗っ取られ続けてきた人間の我々はその子孫です。

首をはね、人間の身体をバラバラに切り、殺し、殺される人間も、まあ恐ろしい、と他人事のように言う人間も、私は今までに何ひとつ悪いことはしていない、と言う人間も、自分は天国へ往くと思いこんでいる愚民も、すべてこれらの悪魔の王たちの子孫です。ルシファーともども、今のこの地球の汚れ、空気も水も宇宙のゴミも地上にあふれるゴミの山も、空からは放射能が降り注ぎ、海にも地にも放射能は垂れ流し、一寸先も見えぬほど汚れた空気。

人間の汚れ切った想念と同じように、もはや手がつけられないほどにゴミの山となり、曇り汚れ切ったこの地球、ゴミの魂しか持たぬゴミの人間たち。ゴミクズの人間を、ルシファーもろともすべてゴミクズと見なし、焼き払われます。手の施しようのないほどに汚れ切ったこの地球と、ゴミクズと化した人間たちを、容赦なく焼き払われるのです。

## 聖徳太子の二十五人の家族が、孝徳天皇の命で惨殺された

『預言の書』を読んだ女が私に叫んだのです。「世界人口の中でたったの十四万四千人とはあまりにも少なすぎるではないか！　計算してみたら五十万人に一人。神がたったの十四万四千人しか救われないということなど私は信じない！　神はすべての人間を救われるはずだ。あなたの預言はおかしい。笑ってしまう」と。その人はクリ

スチャンだそうです。もう霊界もなくなるのに、どこへ往くのか？　あなたはどこへ行くつもりか？　新しい天と地の場所を知っているのか？　そこに行って、そこを見たことがあるのか？

あなたのような者が往けるところではありません。クリスチャンならば、第二の死の意味を知っているでしょうに。第二の死とは、人間には決してできない、イエス・キリストにもお釈迦様にもできない、霊体を焼かれて消滅することです。これは聖霊、霊なる神がご自分の霊と光とで創られた、人間を完全に消滅させられる、唯一、霊なる神にしかできないことです。

あなたもゴミクズとして焼かれ、消されます。新しい天と地とは、あなたのような者が往けるところではない。私はここで断言する。私はここではっきりと言っておきます。

ノアの大洪水のとき、ノアの言葉を信じた七名の者たちと、それにノアの家族六名。あの箱舟に乗って助かった人間は十三名だけでした。今霊なる神は、ノアのとき以上の激しさで私は地を覆う、と言われます。

私は断言します。新しい天と地へ往く者は、十三名のみである、と。私はここではっきりと宣言します。「新しい天と地へ往く者は、そこに住むために、この地球からそこへ往く者は十三名である」と。

『預言の書』に私は書きました。十四万四千人、と。しかし「事と人間次第では、これよりも増える。事と次第によってはこれよりも減る」と。私ははっきりと書いています。だから私は嘘つきではありません。そして今、はっきりと私は断言します。「新しい天と地へ往く者は十三名である」と。あとはゴミとして霊なる神が焼かれます。

月や火星へと脱出しようと頑張っても無駄です。太陽は膨張して大爆発を起こし、天は燃え崩れ、太陽系銀河は消え失せる。これは霊なる神の計画です。月や火星に住まいを求めて頑張っても無駄です。お金ばかりかかって何の得にもなりません。

千数百年の歴史を持つ日本国天皇家は、三種の神器、本来スサノオの持ち物であるこれを皇室の秘宝とし、スサノオを亡き者とし、追放し、アマテラスを皇祖神としました。ちょうど、ローマ法王庁が、後継者ペテロを亡き者とし、邪魔者とし、地獄へ堕ちているパウロや、奇蹟の一つも起こさず、愛の一つも説かなかったイエスの母、マリアを人々に崇めさせ、信仰させたように。

権力と政治を司り、民から搾取し続け、日照りのときも、干ばつのときも地震災害のときも、今よりもっと権力があったと思えばいいのです。今でさえ、東日本大震災、阪神・淡路大地震、九州北部大豪雨、日本国倒産に次ぐ倒産、町のすべてはシャッター通り。

餓死者、仮設住宅の自殺者、孤独者数え切れず、海に流された人間二万人。福島の被災者、仮設住宅に未だ住む者三万人。この災害の避難民、いまだ十五万人。それでも今でも国民から搾取したお金で生活をしている。千数百年の昔から、その生活様式は何ら変わりません。

ときの天皇、孝徳天皇は、邪魔で目ざわりな聖徳《しょうとく》太子の息子、山背大兄王子《やましろのおおえのおうじ》とその子供たち一家二十五人の殺害を命じます。一番長く代々天皇家の家臣として仕えていた藤原家一族、藤原不比等《ふじわらのふひと》の息子、藤原鎌足《かまたり》、巨勢徳太《こせのとこた》、蘇我入鹿《そがのいるか》、殺害の現地部隊長、巨勢徳太は、その功績を買われ大いに出世します。

聖徳太子の息子をはじめ、二十五人の家族が、孝徳《こうとく》天皇の命によって惨殺されます。何の前ぶれもなくふいを突かれ、殺された一族の殺害現場は、血の海となり、地獄さながらでありました。聖徳太子の子孫は、ここで完全に途絶えました。聖徳太子の子孫は、もう誰もおりません。

我が息子を殺され、子孫を絶やされた聖徳太子の怨霊が、自分たちに降りかかってくることを恐れた孝徳天皇と、時の皇后は、聖徳太子の祟りを異常なほどに恐れ出しました。聖徳太子だけではなく、殺された息子の山背大兄王子も自分の子や孫が二十五人もふい打ちで惨殺されたのですから、聖徳太子、息子、その二十五人の殺された者たちの無念の怨霊、祟りが来るのは目に見えたことであります。一家惨殺で、子孫を根絶やしにされたのですから。それらの怨霊、祟りを静めるため、というより、その霊たちを閉じ込めるために、法隆寺を建立《こんりゅう》しました。

怨霊を閉じ込め、外に出さないためですから、法隆寺には変な入り口、中に入りにくい入り口はあってても出口がありません。蘇我入鹿が殺すにしのびなく、殺害を他の者に頼んだりしていたため、孝徳天皇は口封じのため、藤原鎌足に命じ、蘇我入鹿を暗殺します。これで天皇一族も藤原一族も安心しました。

ところが恐るべき怨霊が次々と一番の家臣、この藤原一族なくしては天皇家は勤まらぬと思うほど信頼していた藤原家により、次々と藤原不比等の息子たちが四人も続けて死んで往きます。藤原家なくしては、千二百年も続いた藤原一族なくしては、と天皇家存続の危機を覚えた時の光明皇后は、法隆寺の横に夢殿《ゆめどの》を建立させ、最高の仏師に聖徳太子の像を造らせます。

明治十七年、フェノロサという一人の見知らぬ外国人が、政府からの公文を持って法隆寺を訪れ、千二百年間も秘仏となっている聖徳太子の像を見せよ、と言います。そこの僧たちでさえ今まで見た者は一人もいませんし、これを見ることは許されませんでした。秘仏とされ、見てはならない仏だったのです。しかし、「私はそれを見るまでは決して帰らぬ、決してここを動かぬ」と言い張るフェノロサという一人の外国人に、根負けしたそこの僧たちは、鍵を渡すと、見てはいけないものは決して見てはいけない、と一目散に必死で逃げ去りました。

フェノロサという外国人がそこで見たものは、白布でぐるぐる巻きにしっかりと全身を巻かれた聖徳太子の像でした。身体の中はすべて空《から》にくり抜かれていました。それは仏師にとってはとても難しい技術だといいます。

後頭部と背中、心臓めがけて釘《くぎ》が打ち込まれ、「太子よ死ね！　太子よ死ね！　怨霊となって出てくるな！　死霊となって出てくるな！」とでも言うように、その仏像は、死んだ聖徳太子の急所をさらに釘で打ち差し、肉体を持たせないよう中をくり抜いたようでした。

聖徳太子一家を惨殺し、子孫を絶やし、さらに聖徳太子を呪う仏像を造り、さらに白布でしっかりと仏像の全身をぐるぐる巻きにし、その怨霊を永久に閉じ込めたのです。法隆寺の横にある夢殿は、聖徳太子にとっての呪いの墓場であり、天皇家による一家惨殺と、子孫の根絶やし、さらにその怨霊を恐れる天皇家によって建てられた、おぞましい、恐るべき墓場だったのです。白布で全身をぐるぐるに巻かれた仏像は、フェノロサという一人の外国人によって、千二百年にわたって閉じ込められた状態から解放され、人の目にもさらされるようになりました。（参考・『隠された十字架』梅

原猛著、新潮文庫）

時の天皇は平清盛の子孫一族を根絶やしにするよう源氏に命じ、源氏と平家の戦いが始まります。私が許せないのは、聖徳太子はもう死んでいないのにその子孫を根絶やしにするために惨殺したように、平清盛はもう死んでいないのにその子孫を根絶やしにするため、源氏に「清盛の子・孫・子孫のすべてを殺せ！」と命じたことです。子孫根絶やしの罪は天皇家に降りかかってくるでありましょう。

源平の合戦（あの有名な壇ノ浦の戦い）でおびただしい人間が死に、平氏は負けて、平家の落人《おちうど》となります。平家の落人の子孫だからなのでしょうか。もしかすると私のこの天皇家への批判は、平家の落人と化した我が家の先祖の怨念なのでしょうか。

未だ浮かばれぬ聖徳太子とその息子一族の、一家子孫根絶やしにされたその怨念や平家の落人となり果てた我が家の祖先の怨念が、私を天皇家への批判へと駆り立てるのでしょうか。この日本で、これほどまでにあからさまに天皇家に対して批判精神を持ったらどうなるか。それをこうやって書いたらもしかすると……、と思わぬこともありません。しかし、私はもののけや怨霊も確かに信じますが、もう少し現実的な、事実に基づいた、確かな歴史の事実に基づいて話をしています。一つは、私は日本国民のように天皇家の奴隷ではないこと。一つには洗脳、呪縛などかけらも受けていないこと。

私は日本人は天皇家の奴隷になっていると思うのです。二千年近いこの長い歴史において、洗脳され呪縛され、それがまだ解けていないと思うのです。洗脳の恐ろしさ、呪縛の恐ろしさ。わたしはその恐ろしさを天皇家とこの日本国民の姿から、まざまざと見せつけられる思いがします。

たとえ日本国民全員が天皇崇拝をしようと、たとえ私は一人になろうと、私は天皇家を許しません。後にその意味がわかると思います。あとでその意味をみんなもわかると思います。わからないならその人は愚か者です。無知無能の民です。怒りを忘れた、怒りを知らない単なる奴隷だと言いたいのです。

## この日本国イスラエルに、イエス・キリストは再臨した

南北王国時代のことです。おびただしい国々に、おびただしい王たちが誕生していました。ユダ、ペリシテ、ガザ、ルペン、ベニヤミン。その町にあるエルサレム、アナトト、エフライム、イスラエル、マナセと、数え切れぬほどの町があり、数え切れぬほどの王たちがその町々を支配していました。

塩の海の左手に広大なユダの町があり、そのまた左手にはペリシテのガザ地区があります。塩の海を、ベニヤミンの町、エルサレムやアナトト、エフライム、その他の町々を、ヨルダン河に沿って上流へと上っていくと、イスラエルの町が左手に見えてきます。イスラエルの町には、サマリア、シュネムがあります。このシュネムの町のすぐ左手の町に、メギドと呼ばれる土地があります。それがカルメル山のほど近くの下の平原で、メギドという場所です。さらにそれをさかのぼるとガリラヤ・ナフタリ、そのずっと奥にレバノン山があり、その右手にはアラムという町、その中にダマスコ

という町があります。左手には地中海が広がっています。

カルメル山のふもとにあるメギドという町は、イスラエルから少し行ったところにあります。ここは昔々はエスドレロンの平原にあり、「メギドの山」と当時は呼ばれておりました。今ではエスドレロンの平原という名前もなくなっており、ここに住む者もなく、ただメギドという名前だけが残っています。メギドの丘、メギドの平原だけが今も取り残された場所のように残っているのです。

かつてこのメギドの平原で、世界中の王たちが世々限りなく戦いを、戦《いくさ》を繰り返し、世々代々、幾世紀にもわたり、この地で戦いを繰り返していました。恐るべき大勢の人間の血が流され、世界中の王たちが戦いの末、ここで命を落としたため、血塗られた場所として、人々から恐れられました。

後世の人々にまで語り継がれ、恐れられ、忌み嫌われ、イスラエル人にとっては不幸の地であり、滅亡のシンボルとなりました。後に黙示録のヨハネはこのメギドの丘のことを、ハルマゲドン（世界最終戦争の地）と呼びました。

ダビデがまだ青年だった頃、サウル王に気に入られ、サウル王の戦いに自ら率先して加わり、敵の首を切り落としました。敵の首を槍《やり》で突き刺し、持ち帰る度にサウル王は大いに喜び、青年ダビデをほめたたえ、一番の家臣としました。青年ダビデは軍のトップとしての命を受け、サウル王と共に戦い、自ら軍の指揮をとり、どれだけ戦いを続けても連戦連勝でした。敵のすべてを打ち殺し、負けを知らぬダビデに、サウル王は大いに満足しておりました。

そのサウル王がメギドの丘の戦いで首をはねられ死んだとき、青年ダビデは大いなる悲しみに包まれました。その後も、戦いに戦いを繰り広げた王たちが、多くの人間の血をここで流しました。ヨシヤ王、シザラ王、サウル王などが大軍と共にこの地で命を落としたために、今も語り継がれるほどに、メギドの丘は、血塗られた場所となりました。人類滅亡の場所、ヨハネの言うハルマゲドンと呼ばれるようになりました。

その後ダビデはイスラエルの王となり、飽くなき戦いを繰り広げ、数え切れぬ人間を殺しました。「サウルは千を殺したが、ダビデは万を殺した」と当時の人々から言われ、「あなたはあまりにも多くの人間を殺したため、神殿を造ってはならぬ。あなたには神殿を与えぬ、あまりにも多くの人間を無残にも殺したため、あなたは神殿を造ってはならぬ」と神に言われました。

ダビデの息子、ソロモンの時代になって、この息子ソロモンが、あの威容を誇る神殿を建てました。大勢の人間がこの神殿建設のために集められ、レバノン山からレバノン杉を切り倒しました。贅《ぜい》の限りを尽くし、年月をかけて造られたソロモンの神殿は、それはそれは立派なすばらしい威容を誇る見事な神殿でした。それを見たイエスの弟子たちは目を見張り、「主よ、主よ、ごらんください、何とすばらしい立派な神殿でございましょう」と弟子たちが言うと、イエスは「これか、これは柱の一本も残さず崩れ去るときが必ず来る」と言いました。

悟るに遅く、頭のトロイ弟子たちは、その当時「まさか」と思い、心にとどめはしましたが、彼らは皆心の中で「まさかそんなことは起こるまい」と思っておりました。後にその「まさか」が起き、今のイスラエルにはソロモンの神殿が柱一本残さず崩れ去って現在に至っています。イスラエル、ユダヤ人の悲願はソロモンの神殿の再建だそうでありますが、今のイスラエルにソロモンの神殿が建つことは、二度と決してありません。

それはもうこの日本国イスラエルに建ったのです。ダビデである昭和天皇は、自らを現人神《あらひとがみ》と呼び、歴代天皇よりさらに位の高い人間神、現人神、と自らを呼びました。歴代天皇と同じく民から搾取することをいとわず、日照りであろうが、台風であろうが、水害、干ばつで国民が飢え死にしそうであろうが、二千年の歴代天皇たちと同じく国民から搾取し続け、それはそのまま現代へと引き継がれています。

私はつい最近知ったのですが、アメリカが日本に原爆を落とすとき、何度も何度も天皇に、「この戦争を止められるのは天皇、あなた以外にはいない。天皇のあなた以外、この戦争を止められる者はいない。軍の者たちに、即刻この戦争を止めるよう言ってください」とアメリカは何度も何度も天皇に言ったが、天皇は決して止めさせようとはしなかった。それどころか、「アメリカとの戦争はいつ始まるのか、アメリカとの戦争をいつ始めるのか」と側近に聞かれたといいます。

最近思うのですが、「公務、公務、忙しい、忙しい」と言いながら、皇后様は親しい人に、「私は今までに公務を欠席したことは一度だけしかない」と言われたそうです。昔からあれだけの場所へ欠かさずお出かけになるのに、天皇・皇后は八月六日、八月九日の原爆の平和祈念式典の日だけは必ず神殿にお隠れになるのはなぜか。もしかしたら、先代天皇・皇后同様、原爆で死んだ人たちの怨念を恐れておられるのではないかと最近思い至りました。不敬を恐れずにいえば、先代天皇・皇后があれほど怨《おん》霊《りょう》を恐れられたように、今の天皇・皇后も怨霊を恐れて、この日だけは一歩も外には出られないのではないか、と思うのです。

何しろ昭和天皇は青年の頃から戦争が大好きで、敵の首を槍で突き差し、サウル王のもとへ喜び勇んで持ってきていたダビデですから。当時から軍のトップの指揮官で、連戦連勝の負け知らずの戦いを戦っていたダビデなのですから。

日本が火の海となり、原爆まで二個も落とされて、戦地や日本国中で人間がどれだけ死のうとも、へとも思わない恐るべき虐殺者、戦いの王、殺人者、それが神となったのです。自らを神と呼ぶようにまでなったのです。ごう慢の極致にまで達した人間神、ダビデ王、昭和天皇。自分に逆らう人間を不敬罪の罪で牢にぶち込み、天皇の悪口でも言おうものなら昭和天皇率いる役人が来て、天皇に対する不敬罪でどんどん牢にぶち込まれました。

日本国民の誰一人として、今なお悪口の一つも声に出して言わないのは、我が息子、我が夫を戦地へと駆り出され、すべての者が死に絶えても、天皇への悪口一つ言わずに黙るのは、牢にぶち込まれ、拷問され、もしかすると殺されるかもしれないという恐怖で、皆奴隷とならざるを得なかったからではないか。二千年の代々天皇家の権力と陰謀が、そして情け容赦のない搾取と恐怖政治が、二千年の天皇家の血塗られた恐るべき陰謀と恐怖による政治とが、貧しい国民を黙らせ、奴隷へと貶《おとし》めたのです。

今も、二千年が経つ今も、その呪縛は解けてはおらず、その洗脳と恐怖を物語るように、今も日本国民はその呪縛から逃れられず、奴隷と成り果てたままでいます。ダビデに神が、「あなたはあまりにも多くの者を殺したため神殿を与えぬ！　神殿を建ててはならぬ！」と言い、息子のソロモンの時代に目を見張るような立派な神殿が建てられたように、ダビデの息子、昭和天皇の息子ソロモン、つまり今上天皇のときにそれは建ちました。

昭和天皇はダビデであり、今上天皇は息子のソロモンなのです。今のイスラエルにどれほど願っても、ソロモン王の神殿が建つことは決してありません。しかし日本国王、ソロモンの神殿はこの日本の聖地と呼ばれるところに建ちました。昭和天皇はダビデ王です。ソロモン王は今上天皇、いまの天皇です。

この日本国イスラエルに、イエス・キリストは再臨しました。「私はまた来る」の約束通り。

日本が火の海となり、戦場で数え切れぬほどの若者が死に、地上はB29の落とす雨あられのように降り注ぐしょうい弾で黒こげになりました。日本国は黒こげの死体の山と化し、沖縄の地上戦のあの悲惨さもありました。

かろうじて生き残った者は食料がなく、飢えで毎日バタバタと死んで往きました。黒こげの死体の山となり、飢えて毎日数え切れぬほどの人間が死んで往きました。

「原爆についてどう思うか」とダビデ王である昭和天皇は記者団にたずねられ、「あのような戦争中であることだから、広島市民に対しては気の毒であるが、やむを得ないことと私は思っています」と答えたと聞き、私は怒りで震えました。そうしたら霊なる神が、私の主が、「昭和天皇、ダビデは天国へ往ってないぞ。イエスを裏切ったと言うユダは天国へ往ったぞ。皆に知らせなさい」と教えてくれました。

日本人は今も神となった昭和天皇を拝し、またソロモン王一族を崇めたてまつり、自らも地獄へと堕ち、地獄の火で焼かれ、消え失せる運命です。聖職者のほとんどが、マルティン・ルターやパウロらも地獄へ堕ちています。天皇家を崇拝する者は、奴隷であるがゆえに、盲信者であるがために、真実を知らない無知であるがために、地獄へと往くと教えられました。悪魔を崇拝する者は悪魔と共に地獄へ行きます。

パウロを崇拝するキリスト信者は地獄へ行きます。神になりたがる者、王になりたがる者、それは魔王、魔神のルシファーに似た者になることを切に望むことです。悪魔の王と悪魔の神とそれに似た者となることを切に望むことです。

ルシファーが情け容赦のない残虐と殺人と大量虐殺と争いを好み喜ぶように、ルシファーがごう慢の限りを尽くして喜ぶように、星の一つも造れないくせに、惑星の一つも造れないくせに、天と地さえも造れないくせに、霊なる神と対抗し、我こそは宇宙の支配者となる、と愚か者のルシファーが言いました。実に愚かなやつです。それを見習う愚か者は人間たちです。

天の星一つも造れぬ者が、惑星の一つも造れぬ者が、海に魚一匹も泳がすことのできぬ者が、それだから霊なる神が最も嫌われるのが、ごう慢な人間なのです。なぜ霊なる神が、ごう慢な人間を嫌われるのか。それはごう慢な人間があまりにも愚か者だからです。愚か者まる出しの能なしで、知恵などかけらも持ってはおらず、ただただこの世で偉くなろう、いばりたいがために神と呼ばれ、王と呼ばれる者となろうとするからです。そのために人間を殺しまくって、大量の人間を虐殺して、血も涙もないそういう人間を霊なる神は最も嫌われるのです。ごう慢な人間の知恵のなさを。

パウロは自分が捨てられたことにさえ気付いていません。そのうちにまた許してもらえるだろう。少し様子を見れば今までと同じようにまた許してもらえるだろう。そう思っています。パウロは霊なる神に捨てられる者のよきお手本となります。

心ある人はよく聞いてください。パウロは自分が神から捨てられたことにさえ未だ気付いていません。もう完全に捨てられ、地獄の猛火で焼き払われることが決まっているのに、最近そう決まったのに、自分がもう神に捨てられたことにさえ気付いていていません。そんなはずはない、自分が神に捨てられるわけがない。彼は霊なる神に甘え、この私に三十三年間も甘え、完全に今捨てられたというのに、ごう慢の極みの愚か者だから、未だそのことにさえ気付いていていません。

世の人間のほとんどがパウロと同じ考えを持っているのではないでしょうか。自分は天国へ往く、私は何も悪いことはしていない、何も悪いことはしていないのに、なぜ私がこんな目に遭うのか、と。皆自分は天国へ往くと信じ切っているのではないでしょうか。

私に食ってかかった女も言いました。「計算してみたら五十万人に一人。そんなはずはない。神がたったそれだけの人間しか救わないはずがない。あなたの言うことは間違っている。私は笑ってしまう。神はすべての人間を救われます！」と。

この女にいきなり言われて一瞬驚いたのは、開口一番「イエス・キリストは今どこにいるのですか⁉」という発言でした。ふいをつかれ一瞬驚きましたが、「そんなことをペラペラ私が言うわけがないでしょう？　イエス・キリストをイエス・キリストと見抜けなかったから、みんなで殺したんでしょう？　あなたは見抜けるんですか」

開口一番クリスチャンのその女はそう言い、私はこう答えました。

人間のことなど私にはもうどうでもいい。霊なる神にとってゴミクズとなった人間の言うことなど、私にとってはもうどうでもいいのです。愛のない世界に生きることは実に息苦しいのです。空のあの一寸先も見えぬスモッグを吸いながら生きるのも息苦しく、窒息《ちっそく》しそうですが、愛のない世界に生きるのに、私はもう窒息寸前です。

正しき人、エレミアはこう言いました。

「イスラエルの神、万軍の主はこう言われる。『おまえたちの焼き尽《つ》くす献《ささ》げ物の肉を、いけにえの肉に加えて食べるがよい。わたしはおまえたちの先祖をエジプトの地から導き出したとき、わたしは焼き尽くす献げ物やいけにえについて、語ったことも命じたこともない。むしろ、わたしは次のことを彼らに命じた。

《わたしの声に聞き従え。そうすれば、わたしはあなたたちの神となり、あなたたちはわたしの民となる。わたしが命じる道にのみ歩むならば、あなたたちは幸《さいわい》を得る》

しかし、彼らは聞き従わず、耳を傾けず、彼らのかたくなで悪い心のたくらみに従って歩み、わたしに背を向け、顔を向けなかった。おまえたちの先祖がエジプトの地から出たその日から、今日に至るまで、わたしの下僕《しもべ》である預言者らを、常に繰り返しおまえたちに遣わした。それでも、わたしに聞き従わず、耳を傾けず、かえって、うなじを固《かた》くし、先祖よりも悪い者となった』」（エレミア書7章21～26節）

聡《さと》い人ならばもう悟ったでしょう。メギドの丘が日本国天皇家のその場所であることを。血塗られ、数え切れぬ多くの人間の血が流され、天皇家の存在のはじめから、多くの人間の血の流された場所。

忌み嫌われ、恐れられ、世々代々、血塗られた場所として人々から恐れられ、語り継がれてきたそのメギドの丘が、天皇家の住むその場所であることを。人類絶滅の地と人々が恐れたように、今そのようになる。黙示録のヨハネが、ハルマゲドンの地、世界最終戦争の地と呼び、世界中の軍隊がそこに集められるのを見た、と預言したように、もうすぐそうなる。

メギドの丘とは日本国イスラエルの地、かつてダビデ（昭和天皇）が住み、今はその息子ソロモン（今上天皇）とその子孫が住む、そここそが、メギドの丘である。預言者、黙示録のヨハネが言う通り、世界最終戦争も「メギドの丘に世界中の軍隊が集められる」と言ったことも、もうすぐすべてが成就します。

神であったその子孫は、どれほどへりくだってみせても、偽善を働き、国民に媚びてみせても、その魂はやはり神であり、願わくば永劫、子々孫々、二千年の歴史通り、今まで通り、神の子孫であり続けたいと願っている。かつての天皇たちがそうであったように、王の地位、神の地位が脅かされることに異常なほどに脅えているのです。虐殺、陰謀、あらゆる手を使って天皇家存続を行ってきたその家系は、滅びゆく前のあわただしさと騒々しさに、国民をも巻き込んでいる。永劫に神としての王としての子孫を願うからです。

天皇家の存在が、あまたの戦を起こし、戦争を起こしてきたように、今、メギドの丘となった天皇家の存在が、再びこの日本を火の海と化すでありましょう。世界中の軍隊がメギドの丘、日本国イスラエルのメギドの丘に集結し、日本国土は再び火の海となって、私たちは死に絶えることでしょう。

それは愚かな政治家たちの愚かで軽はずみな行為によって始まるでしょう。かつて第二次世界大戦がそうであったように、軽い、無責任な、実に先の見えない政治家によって引き起こされるでしょう。

何の危機感もなく「より速く～～、より高く～～、より強く～～」とIOC国際オリンピック委員会の日本視察団の前で急に大声で歌い出し、「えっ、何やってるの首相？」と私も大声で笑ってしまいましたが、日本国トップの首相も歌い終えた後、大声で笑っていました。日本が笑っていられるのは、あと少しかもしれません。

アメリカ（かつてのローマ帝国）が日本に迫ることでしょう。アメリカ（ローマ帝国）は他の国のことなど本当は眼中になく、狙いはこの日本国、イスラエル、です。

七十年も前に略奪された北方領土を「あれ返してくれません？」とのこの言いに行くのだから、七十年前に奪いそこなって自分の領土にしそこなったアメリカ（ローマ帝国）が、七十年経った今実行しようとしても何ら不思議なことではありません。アメリカが沖縄を完全占領しようとしたから、ならば、とソ連が日ソ不可侵条約を破り、日本へと攻め込み、北方領土を奪ったのです。

## 日本がＴＰＰに参加することは、アメリカ（ローマ帝国）の完全占領を意味する

日本がＴＰＰに参加・加盟することは、アメリカ（ローマ帝国）の完全占領を意味します。ローマ帝国は、かつてのローマ帝国同様、もはや末期の状態です。ローマ帝国滅亡寸前です。生き残るためには人間は人をも食らうでしょう。生き残るため、ローマ帝国はこの日本国イスラエルを食らうでしょう。

それを見たバビロンの王は怒り、日本国イスラエルを食らうならば、我々はメギドの丘にあるイスラエル国王の神殿の宝物をすべていただくと言うでしょう。世界に名だたる宝物のある国は、二千年の歴史でイスラエルの王たちが集め、積み上げてきた世界にただ一つの宝物を持つ国、日本国イスラエルの他なく、それは日本の国土よりよほどの数倍の価値あるものです。

アメリカ（ローマ帝国）は日本国イスラエルの領土を奪えばよいのです。私、バビ

ロンの王は、そんなものには目もくれません。「宝だ！　宝だ！　二千年の間積み上げられてきた世界に類をみないこの宝の山だ！　我々はこれをいただく」ということになるでしょう。帝国滅亡前夜のローマと、バビロンの王とのかけ引きがこうして続くのです。餌物《えもの》はこの日本国イスラエルです。

日本国が火の海となり、壊滅状態となったのも、ほんのささいなことからであったことを我々は忘れてはなりません。実に単純で、くだらないことが原因で、日本人のノー天気と無責任があの戦争を引き起こし、日本国土が火の海となり、二個の原爆まで落とされたことを忘れてはなりません。黒こげの死体の山がうずたかく積まれ、食料がなく飢えて死ぬ者が続出し、戦地では大勢の若者が死に、沖縄のあの悲惨な地上戦があったことを。

なぜ日本人は大切なことをすぐに忘れてしまうのでしょうか。東日本大震災を、ここに住んでいるともう忘れてしまう、と災害に遭わなかった者は口をそろえて言っています。私の危惧した通り、二年しか経たぬのに、日本人はもう忘れ果てているようです。我が身に災害が及ばぬと、日本人は「あれは人のこと」とすぐに忘れるのでしょうか。

だから、エゴイストの国、愛のかけらもない国、偽善者集団、日本国のことなどまったく考えてはいないと神は言うのです。上から下まで、まるで危機感のないノー天気、無責任、愛のない国、政治家、並びに日本国、イスラエル国民。この国に再び天罰が下り、もう二度と立ち上がることはないでしょう。

ＴＰＰ参加と共に衰退《すいたい》の極みに達したローマ帝国が、日本国イスラエルを取り巻くとき、北から来るバビロンの王の軍隊が、メギドの丘の皇室神殿を襲い、世界一の財宝（宝石類だけで八万個といわれています）は奪われ、ダビデの子孫のうちの何名かはバビロンへと連れ去られ、捕囚となるでしょう。再び日本国イスラエルの地に帰ることはないでしょう。彼らは捕囚となり、海外の地で死ぬでしょう。

それを機に、世界中の軍隊が、この日本国イスラエルへと押し寄せるでしょう。北から来るバビロンの王の率いる軍隊によって、帝国末期のローマによって、世界中の軍隊が日本国イスラエルのメギドの丘に集結し、日本国イスラエルは再び火の海となり、二度と立ち上がることはないでしょう。こうして黙示録のヨハネの預言は成就し、私のこの預言も終わります。

歴史は繰り返されるといいます。しかし、イエス・キリストが日本国イスラエルに再臨した今、そして、霊なる神の計画、プログラムが実行される今、もはや歴史は消えてなくなります。もう歴史はなくなります。これは霊なる神の人間に対する最後の警告です。もうこれから先、真の警告者は顕れません。

これは、霊なる神の人間への最後の愛です。もうこれ以上霊なる神が人間に愛を与えられることはありません。最後の警告であり、最後の愛です。ごう慢ではなく、人間の弱さによる罪を、どうぞお許しください、と私は霊なる神に祈ろう。

この本は『預言の書』へと返ります。

私は順序だてて語り、順序だてて書きましたので、私の書いた数冊の本は、ぐるぐると回り続けます。世が終わるそのときまで――。世界が終わるそのときまで――。

**著者プロフィール**
**山下 慶子**（やました けいこ）
1945年（昭和20年）、福岡県生まれ。
国立音楽大学器楽科（ピアノ）卒業。
著書に『預言の書』（2011年６月）、『神への便り』（2011年10月）、『神からの伝言』（2012年２月）、『愛の黙示録―― 絶体絶命のあなたを滅びの淵から救う道』（2013年２月）があり、いずれも文芸社から刊行されている。

メギドの丘

2013年10月15日　初版第１刷発行

著　者　山下 慶子
発行者　瓜谷 綱延
発行所　株式会社文芸社
〒160-0022 東京都新宿区新宿１－10－１
電話 03-5369-3060（編集）
03-5369-2299（販売）

印刷所　神谷印刷株式会社


ISBN978-4-286-14172-5　日本音楽著作権協会（出）許諾第 1309855-301号